M. SAGE

Madame PIPER

Et la Société Anglo-Américaine

POUR LES RECHERCHES PSYCHIQUES

PRÉFACE

DE

CAMILLE FLAMMARION

PARIS
P.-G. LEYMARIE, ÉDITEUR
42, RUE SAINT-JACQUES, 42

1902

Tous droits réservés

MADAME PIPER

M. SAGE

Madame PIPER

Et la Société Anglo-Américaine

POUR LES RECHERCHES PSYCHIQUES

PRÉFACE

DE

CAMILLE FLAMMARION

PARIS

P.-G. LEYMARIE, ÉDITEUR

42, RUE SAINT-JACQUES, 42

1902

Tous droits réservés.

PRÉFACE

Les *Proceedings of the Society for psychical Research* resteront dans la science de l'avenir comme une bibliothèque de documents de la plus haute valeur pour la connaissance de l'âme humaine, entité encore aussi mystérieuse aujourd'hui qu'à l'époque où Socrate nous recommandait de nous étudier nous-mêmes : γνῶθι σεαυτόν. Nous avons déterminé la position de notre planète dans l'univers, nous avons mesuré le système du monde, nous pesons les astres, nous analysons leur constitution chimique, nous avons même calculé les distances des étoiles, — et nous ne nous connaissons pas nous-mêmes !

C'est pourtant là, semble-t-il, l'étude la plus importante que nous puissions faire.

Mais, depuis bientôt deux mille ans, on nous a élevés dans l'idée que c'était là une recherche inutile, dangereuse et défendue ; on nous disait : « Cela ne vous regarde pas, profanes, nous sommes ici pour vous enseigner la vérité, que nous possédons, que nous avons reçue de Dieu lui-même en personne ; l'âme naît avec le corps, mais ne meurt pas avec lui ; elle est envoyée en enfer, au purgatoire ou au ciel. C'est bien simple, ne vous donnez pas la peine de chercher autre chose. »

Il s'est trouvé des chercheurs, des curieux, des alchimistes, des sorciers, des abstracteurs de quintessence, qui ont essayé d'évoquer des morts, et qui ont été, pour la plupart, dupes des plus étranges illusions. Ces chercheurs avaient tort, et, pour le prouver, l'Inquisition les a brûlés, par milliers, dans tous les pays, à Paris comme à Rome, à Cologne comme à Cadix.

Les temps ont changé, mais bien lentement. On a brûlé Giordano Bruno, à Rome, parce qu'il enseignait la doctrine de la pluralité des mondes ; on n'a pas brûlé Galilée parce qu'il a fait à ses juges l'honneur de leur avouer que notre planète ne tourne pas ; on ne brûle plus guère personne aujourd'hui ; mais les journaux bien pensants déclarent qu'il n'y a de vrais savants que ceux qui vont à la messe. Oui, le progrès marche... avec une sage lenteur.

La liberté de conscience est une conquête de la philosophie du xviii° siècle. Si nous ne sommes guère plus avancés qu'au temps de Voltaire, nous le sommes plus qu'au temps de Charlemagne ou de l'empereur Valens. On lit dans Ammien Marcellin que, sous le règne de ce dernier prince, deux « astrologues », Hilarius et Patricius, avaient osé consulter un guéridon et demander à un esprit frappeur le nom du personnage appelé par le Destin à succéder à l'Empire. On se servait pour cela d'un bassin métallique circulaire autour duquel étaient gravées les vingt-quatre lettres de l'alphabet. Un expérimentateur tenait un fil de soie au bout duquel un anneau était suspendu. Cet anneau, oscillant, allait frapper une lettre, puis une autre, et formait ainsi, assure l'historien, des réponses en vers d'une prosodie parfaite.

L'esprit dicta les lettres T-H-E-O-D.

Comme les assistants pensaient à THÉODORE, ils finirent le mot d'eux-mêmes.

On les traduisit devant un tribunal, on les condamna ; puis, simplement, *on les coupa tous en petits morceaux*, pour leur apprendre à se conduire plus convenablement.

C'était vers l'an 370. La persécution dura longtemps, car la dernière victime des procès de sorcellerie est Anna Goeldi, suppliciée à Glaris (Suisse), le 17 juin 1782. Pendant ces quatorze siècles, on a exécuté plus d'un demi-million d'hommes et de femmes sous prétexte de sorcellerie.

La seconde moitié du xixe siècle a été marquée par une sorte de rénovation de ces curiosités mystiques, inaugurée par l'éclosion des expériences spirites, en 1853, aux États-Unis, en Allemagne et en France. Ces expériences sur les tables tournantes et les coups frappés étaient d'ailleurs plutôt envisagées comme des jeux de société plus ou moins anodins. A part quelques exceptions, on n'y devinait aucune découverte nouvelle pouvant nous instruire sur l'existence de l'âme avant, pendant et après la vie terrestre. D'ailleurs, les tentatives faites par quelques expérimentateurs sérieux pour obtenir des clartés quelconques sur les problèmes de l'Au-delà restaient infructueuses et décourageantes.

La Société des Recherches psychiques, fondée en 1882, a placé l'expérimentation spirite sur son véritable terrain, le terrain scientifique. Il y a tant d'illusions, tant d'erreurs — et encore plus de fraudes — dans ces sortes d'expériences, que l'on ne saurait apporter trop d'esprit critique dans la discussion des phénomènes observés. Ici plus que partout ailleurs peut-être, la méthode expérimentale s'impose. Or, c'est précisément cette méthode qui a été rigoureusement suivie par les observateurs de la médiumnité de Madame Piper, les professeurs Hodgson et Hyslop.

M. Hyslop, professeur de Logique à l'Université de New-York, a réuni dans un volume compact de 649 pages les procès-verbaux détaillés de seize séances de Madame Piper, tenues entre le 23 décembre 1898 et le 8 juin 1899, volume formant le tome XVI des *Proceedings* de la Société psychique, dont déjà quatre tomes avaient été consacrés en partie à la même étude et contenaient un nombre considérable de séances antérieures. C'est là un travail immense, qui n'a guère d'analogue en France que les recherches si consciencieuses faites par mon savant ami A. de Rochas sur les forces non définies, l'extériorisation de la motricité et les divers états de l'hypnose. Ces publications techniques anglaises sont peu connues en France et, d'ailleurs, d'une lecture assez difficile.

Nous devons féliciter M. Sage d'avoir extrait de ces longues et persévérantes études psychiques faites sur Madame Piper les relations si curieuses qui composent ce volume, d'une lecture facile et approprié aux habitudes françaises. Nous devons le féliciter aussi d'y avoir conservé la méthode scientifique, sans laquelle ces relations perdraient la plus grande partie de leur valeur. Nous ne devons être ni incrédules, ni crédules.

La fraude paraît éliminée des hypothèses explicatives, en ce qui concerne Madame Piper. Les précautions ont été prises. Les faits rapportés peuvent être considérés comme réels.

Quant à les expliquer, nous ne sommes pas encore en état de le faire. Toutes les facultés nouvelles attribuées à la subconscience et toutes les visions à distance de la télépathie restent insuffisantes.

L'hypothèse spirite d'une communication avec des âmes désincarnées est celle qui s'approche le plus des théories explicatives réclamées par nos esprits peut-être un peu impatients. Mais ce n'est qu'une hypothèse, non démontrée encore et grosse de difficultés dans un grand nombre de cas.

La voix et la main du médium ne sont certainement ici que des intermédiaires. Intermédiaires de quoi, de qui ?

De morts ? N'allons pas si vite. Ce brave Phinuit, que vous rencontrerez souvent dans les pages suivantes, ne peut pas seulement nous dire exactement qui il était sur la terre, comment il s'appelait, où et quand il a vécu. Il ne serait pourtant pas difficile à la subconscience de Madame Piper ou à un esprit quelconque d'inventer une histoire plausible. Et, en général, on ne s'en prive pas.

Peut-être M. Phinuit n'a-t-il pas encore fait partie de notre espèce humaine terrestre ?...

Mais je m'arrête. Ce n'est pas ici le lieu d'ouvrir une longue discussion. J'ai seulement voulu présenter cet ouvrage de M. Sage aux lecteurs que ces questions intéressent, et je souhaite que ces études expérimentales positives soient continuées partout où ces mystérieux phénomènes pourront être observés. La connaissance de l'âme humaine, comme entité psychique et physique, sera la science de demain.

CAMILLE FLAMMARION.

MADAME PIPER

CHAPITRE PREMIER

La médiumnité de Mme Piper. — Quelques données sur sa santé et sur celle de ses ascendants. — La médiumnité est-elle une névrose?

Mme Piper est ce que les spirites appellent un *médium* et ce que les psychologues anglais appellent un *automatiste*, c'est-à-dire une personne qui semble, par moments, prêter son organisme à des êtres imperceptibles à nos sens, pour leur permettre de se manifester à nous. Je dis que cela semble être, je ne dis pas que cela soit. L'existence de ces êtres problématiques est difficile à admettre pour un grand nombre de raisons. Nous la nierons, ou nous resterons sceptiques jusqu'au jour où l'évidence sera la plus forte.

La médiumnité de Mme Piper est l'une des plus parfaites qui se soient jamais présentées. En tous cas, cette médiumnité est certainement celle qui a été étudiée le plus longuement et le plus soigneusement par des hommes d'une haute compétence. Des membres de la Société anglo-américaine pour les Recherches psychiques ont étudié les phénomènes présentés par Mme Piper pendant quinze années consécutives. Ils ont pris toutes les précautions qu'exigeaient l'étrangeté du cas, les circonstances et le scepticisme ambiant; ils ont envisagé et pesé minutieusement toutes les hypothèses. Dorénavant les psychologues les plus officiels ne pourront pas ignorer ces phénomènes, quand ils édifieront leurs beaux systèmes; bon gré mal gré, ils devront les examiner et leur trouver une explication quelconque, explication que leurs idées préconçues rendront parfois difficile.

Nous devons des éloges et une vive reconnaissance aux hommes qui ont étudié le cas de Mme Piper. Mais nous n'en devons pas moins à Mme Piper elle-même, qui s'est prêtée à toutes les investigations et à toutes les expériences avec une bonne grâce et une bonne foi parfaites. Sa sincérité ne fait pas l'ombre d'un doute pour tous ceux qui ont eu avec elle des rapports quelque peu suivis. Elle n'a pas cru exercer un sacerdoce d'un nouveau genre; elle a compris qu'elle présentait une anomalie intéressante pour la science, et elle a permis à la science de l'étudier. Ce n'est certainement pas là le fait d'une âme vulgaire. Son exemple, ainsi du reste que celui de Mlle Smith, dont nous parlait récemment le professeur Flournoy, mérite d'être suivi. Si les phénomènes étranges de la médiumnité ne sont pas encore étudiés aussi soigneusement et par autant d'hommes qu'on le désirerait, la faute principale en est aux savants, c'est entendu : beaucoup d'entre eux ne voient pas d'un bon œil des faits, même indéniables, qui renversent brutalement des systèmes péniblement édifiés et sur lesquels ils s'étaient appuyés pendant toute une vie. Mais la faute en est souvent aussi aux médiums, dont la vanité est parfois grande et dont la sincérité n'est pas toujours hors de discussion.

Mme Piper est Américaine. Je ne trouve nulle part indiqué le lieu de sa naissance ; mais ce doit être Boston, où elle demeure depuis longtemps. Son mari est employé dans un grand magasin de cette ville. Mme Piper est d'humeur plutôt sédentaire. Certes, elle a voyagé : elle a plus d'une fois consenti à quitter son milieu ordinaire pour écarter d'elle tout soupçon de fraude ; elle a donné des séances à New-York et ailleurs ; elle est venue en Angleterre, où elle est restée environ trois mois. Mais l'ennui et la nostalgie ne tardent pas à la saisir si elle reste un certain temps hors de chez elle et, surtout, si elle n'a pas près d'elle ses enfants.

Son éducation ne semble pas avoir été poussée très loin. Elle a sans doute lu beaucoup de choses, comme toutes les Américaines, mais au hasard et, probablement, d'une manière très superficielle. Son langage est vulgaire, trivial même parfois; mais je ne trouve pas dans les documents qu'il y ait de la trivialité dans son âme : le langage peut être trivial sans que les idées le soient. En somme, Mme Piper est une personne très sympathique.

Le point appelé à intéresser spécialement le savant, surtout le médecin, est celui de l'état de santé et de l'hérédité morbide de Mme Piper. Nous sommes très insuffisamment renseignés là-dessus. Je ne trouve nulle part de rapport circonstancié sur ce point important. Mme Piper fut assez sérieusement malade en 1890 ; il y eut un médecin qui la soigna pendant plusieurs mois de suite ; en outre, cet homme assista à une séance médiumnique qu'elle donna le 4 décembre de cette même année 1890. On voit qu'il avait été bien placé pour étudier notre sujet de près. Le Dr Hodgson lui demanda un rapport, qu'on aurait annexé aux autres documents.—Mais ce médecin avait la prudence du serpent. Il promit tout d'abord, mais ensuite il se ravisa et refusa absolument de fournir le moindre rapport.

Le Dr Hodgson a posé au sujet une série de questions dans le but de savoir quel était, surtout au point de vue névropathique, l'état de santé de ses ascendants. Elle appartient à une famille qui semble avoir été très saine et qui

semble n'avoir été aucunement sujette aux
maladies nerveuses. Son grand-père paternel
mourut de vieillesse à l'âge de quatre-vingt-
dix ans ; sa grand'mère, du même côté, vivait
encore en 1890. Ils eurent douze enfants, dont
huit étaient encore vivants en 1892 ; les autres
étaient morts en bas-âge. Son grand-père, du
côté maternel, mourut d'une maladie du cœur à
quatre-vingts ans ; sa grand'mère, du côté maternel, mourut de mort subite, mais elle avait,
elle aussi, plus de quatre-vingts ans ; jusqu'au
jour de sa mort, elle avait gardé la plénitude de
ses facultés mentales. Son grand-père et sa
grand'mère maternels eurent, eux aussi, douze
enfants, six garçons et six filles. Parmi les six
garçons, un mourut en bas-âge, deux vivaient
encore en 1892 ; les trois autres succombèrent à
des maladies du cœur à un âge assez avancé.
Parmi les six filles, deux moururent en bas-âge,
l'une d'hémorrhagie, et l'autre d'un cancer ; une
troisième mourut du diabète longtemps avant
d'atteindre la vieillesse ; les trois autres filles,
dont l'une était la mère de Mme Piper, vivait
encore en 1890.

Ce sont là des renseignements tout à fait
insuffisants, on en conviendra. On peut vivre
très longtemps et traîner avec soi toute la vie
des tares nerveuses même graves. En outre,
nous trouvons un cas de diabète et des maladies du cœur. Mais nous sommes bien forcés

de nous contenter de ces quelques renseignements sur ce point important. Les frères de Mme Piper jouissent d'une excellente santé, sauf l'un d'eux, plus jeune qu'elle, qui a été toute sa vie quelque peu valétudinaire ; il est d'un tempérament nerveux, bien que les médecins n'aient pas réussi à lui assigner une maladie nerveuse déterminée ; il lui est arrivé plus d'une fois de tomber en syncope. Mais ces faits ne sont pas connus en dehors de la famille ; quant à lui, il ne se prêterait pas à des investigations de la part d'un étranger.

Ce qu'il y a de plus intéressant encore que l'état de santé des ascendants de Mme Piper, c'est son état de santé général à elle-même, puisque la plupart des médecins ne veulent voir dans la médiumnité qu'une névrose, sœur ou cousine de l'hystérie ou de l'épilepsie. Il est indéniable que beaucoup de médiums présentent une tare physiologique : Eusapia Palladino a un renfoncement du pariétal gauche, le fameux Slade était hermaphrodite. Mais, d'autre part, Mlle Smith, de Genève, étudiée par le professeur Flournoy, semble jouir d'une santé aussi parfaite que n'importe qui, d'une santé même florissante. Peut-être, si l'on voulait bien chercher, trouverait-on en elle quelque chose à reprendre ; mais l'homme ou la femme n'ayant pas dans son ascendance quelque hérédité morbide ayant laissé une trace, n'existe probablement pas.

En ce qui concerne Mme Piper, elle semble avoir joui d'une santé irréprochable jusque vers 1882 ou 1883; je ne trouve pas la date indiquée au juste. Vers cette époque, il lui vint une tumeur à la suite d'un coup : elle avait été violemment heurtée par un traîneau. Elle craignait un cancer. C'est même là ce qui détermina sa médiumnité : jusqu'à cette époque, absolument rien d'anormal ne s'était passé en elle. Les parents de son mari avaient eu en 1884 avec un médium une séance qui les avait vivement impressionnés. Ils ne cessaient de conseiller à leur belle-fille d'aller à son tour prendre l'avis d'un médium donnant des consultations médicales. C'est pour leur faire plaisir qu'elle alla chez un médium aveugle du nom de J.-R. Cocke, et c'est là qu'elle eut son premier évanouissement, sa première « trance ». Mais nous reviendrons là-dessus.

Il faut croire que l'ordonnance du médium n'eut pas plus d'influence sur la maladie que les ordonnances des médecins ordinaires, car cette tumeur continua à rendre la santé de Mme Piper assez précaire pendant longtemps. Ce n'est qu'en 1893 qu'elle se décida à subir une opération chirurgicale, la laparotomie. L'opération eut lieu sans complication d'aucune sorte, et la convalescence fut rapide. Cependant, en 1895, les suites de cette opération lui valurent une hernie sérieuse, qui nécessita une deuxième opération en février 1896. Le rétablissement ne fut complet qu'en octobre de la même année.

Beaucoup de personnes seront disposées à croire que la tumeur de Mme Piper est l'explication de toute sa médiumnité, d'autant plus que cette médiumnité n'est apparue qu'après la tumeur. Il est assez difficile de les contredire. Cependant il est un fait qui semble indiquer qu'elles ne sont pas dans le vrai. Quand Mme Piper est malade, sa médiumnité s'atténue ou devient très peu lucide; elle ne fournit alors que des communications incohérentes, fragmentaires, ou tout à fait fausses. La syncope ou « trance », qui est facile quand Mme Piper se porte bien, devient difficile ou même impossible quand elle se porte mal. Depuis sa dernière opération, sa santé a été bonne : les syncopes sont douces, et les communications obtenues dans cet état ont acquis un degré de cohérence et de plausibilité qui précédemment leur manquait. Si donc la maladie a déterminé l'apparition de la médiumnité de Mme Piper, le retour à la santé a étrangement favorisé le développement et le perfectionnement de cette même médiumnité. Il semble y avoir là une contradiction. Je ne suis pas compétent en la matière; mais j'ai de la peine à croire cependant, en examinant les faits, que la médiumnité ne soit qu'une névrose. Après tout, n'y a-t-il pas des savants très fameux qui prétendent que le génie n'est lui-même qu'une névrose?

Pour eux, le bandit n'est qu'un malade ; mais l'homme de génie n'est qu'un malade aussi. Décidément notre humanité est plus pitoyable encore qu'on ne serait tenté de le croire, s'il est vrai que chez elle le meilleur et le pire ne sont que des faces opposées d'une même médaille.

CHAPITRE II

Le Docteur Richard Hodgson. — Description de la trance et ce qu'on entend par un « contrôle ». — Mme Piper est un médiocre sujet hypnotique.

Avant de continuer, je demande la permission à mes lecteurs de leur présenter l'homme qui a étudié avec le plus de soin et de constance le cas de Mme Piper. Le Dr Richard Hodgson se rendit en Amérique exprès pour observer notre médium, et, depuis quinze ans environ, il ne l'a pour ainsi dire pas perdue de vue un seul instant. Depuis longtemps déjà, tous ceux qui veulent obtenir une séance doivent passer par l'intermédiaire du Dr Hodgson, qui les introduit lui-même sous des noms supposés, en prenant toutes les précautions possibles pour que Mme Piper, dans son état normal, ne puisse obtenir sur eux le moindre renseignement. Ce sont là aujourd'hui des précautions superflues. Mme Piper n'a jamais eu recours à la fraude, et l'on en est surabondamment convaincu. Mais il suffirait que la surveillance se ralentît tant soit peu pour que la malveillance présentât comme suspectes les expériences les plus probantes.

Richard Hodgson est docteur en droit. Certains prétendront peut-être que ce n'est pas là un titre qui puisse le recommander beaucoup pour de pareilles études. Ce n'est pas mon avis. D'abord les diplômes n'ont jamais fait les savants. Pasteur n'était même pas médecin. Ensuite, nous avons ici affaire à un genre d'études un peu particulier, et c'est une erreur de croire qu'il y faille des hommes habitués aux expériences de laboratoire. Nous n'avons pas ici affaire à la matière proprement dite, obéissant à des lois toujours les mêmes ; nous avons affaire à des esprits humains, changeants, protéiques, disposant d'une volonté propre, qui est souvent en contradiction avec la nôtre. Les phénomènes qui nous occupent sont fréquents, extrêmement fréquents ; mais ils ne sont pas reproductibles à volonté comme une expérience de physique ou de chimie. Il s'agit donc non pas de les produire devant un auditoire, par exemple, mais de les observer avec tout le soin nécessaire lorsqu'ils se présentent. Or, un homme de loi digne de ce nom doit être un profond psychologue, et il est tout aussi bien qualifié pour observer des phénomènes médiumniques qu'un docteur en médecine.

Le Dr Hodgson est un ouvrier de la première heure de la Société pour les Recherches psychiques. Il a été toute sa vie un terrible ennemi de la fraude. Au moment où la Société fut fondée, la fondatrice de la Société théosophique, Mme Blavatsky, faisait beaucoup parler d'elle. Les phénomènes les plus extraordinaires se produisaient au siège central de la Société théosophique, aux Indes. Le Dr Hodgson y fut envoyé pour les étudier, sans parti pris. Il s'aperçut vite que tout cela n'était que charlatanerie indigne et prestidigitation. De retour en Angleterre, il écrivit un rapport, qui n'a pas tué la théosophie, parce que les religions, même naissantes, ont la vie dure, mais qui a discrédité cette doctrine à tout jamais aux yeux des gens sérieux. Depuis lors, les théosophes ont changé leurs batteries, ils ne produisent plus de phénomènes ; ils ont même pour tous les phénomènes physiques un mépris profond. Ils ont une méthode de recherche à eux, transcendante celle-là, s'il en fut ; mais elle n'est pas à la portée du commun des mortels, et l'humanité n'est pas près d'en juger la valeur.

Après ce coup de maître, le Dr Hodgson ne cessa de faire la chasse aux médiums frauduleux. Il s'initia à tous leurs trucs et acquit une habileté de prestidigitateur. Ce fut encore lui qui découvrit les fraudes inconscientes d'Eusapia Palladino pendant les séances que ce médium italien donna à Cambridge.

Quand un pareil homme, après avoir étudié si longtemps les phénomènes de Mme Piper, vient nous en affirmer la sincérité, nous pouvons le croire. Ce n'est ni un naïf, ni un emballé, ni un mystique. J'ai parlé de lui un peu longuement, parce que, par la force des choses, son nom reviendra souvent dans cette étude. Revenons maintenant à Mme Piper et abordons les phénomènes qui nous intéressent spécialement.

Mme Piper tombe en trance spontanément, sans l'intervention d'aucun magnétiseur. Je vais dire tout à l'heure assez au long ce qu'il faut entendre par ce mot « trance ». On l'emprunte aux auteurs anglais, et, puisqu'enfin il nous faut un mot nouveau pour une chose nouvelle, je ne vois pas pourquoi on irait en chercher un autre. Si on empruntait un terme au vocabulaire de l'hypnotisme, on jetterait une confusion dans l'esprit du lecteur.

Le professeur Charles Richet fut un de ceux qui eurent avec notre médium une séance pendant le séjour qu'elle fit à Cambridge. Voici en quels termes il décrit la trance :

« ...... Elle a besoin pour sa trance de saisir la main de quelqu'un. Alors elle prend la main pendant quelques minutes en restant en silence et dans une demi-obscurité. Au bout de quelque temps — de cinq à quinze minutes — elle est prise de petites convulsions spasmodiques, qui vont en s'exagérant, en se terminant par une petite crise épileptiforme très modérée. Au sortir de cette crise, elle tombe dans un état de stupeur avec respiration un peu stertoreuse, qui dure près d'une ou deux minutes; puis, tout d'un coup, elle sort de cette stupeur par un éclat de voix. Sa voix a changé; ce n'est plus Mme Piper qui est là, mais un autre personnage, le Dr Phinuit, qui parle avec une grosse voix, à allures viriles, avec un accent mélangé de patois nègre, de français et de dialecte américain. »

Le professeur Oliver Lodge, un nom considérable dans la science en Angleterre, membre de la Société royale comme William Crookes, décrit le début de la trance à très peu près dans les mêmes termes, dans le remarquable rapport qu'il a publié en 1890 sur les séances qu'il eut avec Mme Piper. Lui aussi note la petite crise épileptiforme, bien que, ajoute-t-il, n'étant pas médecin, il ne soit qu'à demi compétent.

La personnalité Phinuit, dont le professeur Richet parle dans le passage cité, est ce que les Anglais appellent un « contrôle ». Encore un terme que je me propose de leur emprunter. Pourquoi pas, pourvu que nous soyons bien fixés sur le sens qu'il faut lui attribuer ? « Contrôler » a, en anglais, le sens d'être maître de quelque chose. Le « contrôle » est donc ici l'être mystérieux qui est temporairement maître de l'organisme d'un médium. Ces contrôles ne sont-ils que des personnalités secondes, ou bien sont-ils, comme ils le prétendent, des esprits humains désincarnés, des esprits d'hommes morts qui reviennent se communiquer à nous en se servant d'un organisme entrancé comme d'une machine ? Peu importe, il faut les nommer. Phinuit a été un des principaux contrôles de Mme Piper ; mais il est loin d'avoir été le seul. Ils ont été légion, au contraire, et, chose étrange, ces contrôles ont toutes les apparences de personnalités aussi distinctes que possible, chacun avec son langage, sa croyance, ses opinions, ses tics particuliers. Si ce ne sont là que des personnalités secondes de Mme Piper, le cerveau de celle-ci est un monde à lui seul. Auprès de ce cerveau-là, le Protée de la fable n'a pas à être fier de ses exploits.

Avec le perfectionnement et le développement de sa médiumnité, la trance de Mme Piper a quelque peu changé d'aspect. Autrefois, les contrôles se communiquaient exclusivement par la voix ; puis quelques-uns se mirent à écrire. On eut alors des séances où une personnalité se communiquait par la voix, pendant qu'une autre, entièrement différente, traitant de sujets entièrement différents, se communiquait simultanément par l'écriture. Depuis quelques années, les contrôles se servent exclusivement de la main droite et de l'écriture. Le bras droit du médium est exubérant de vie, pendant que le reste de son corps gît inerte, incliné en avant sur des coussins.

Dans un long rapport, qui vient de paraître, M. James Hyslop, professeur de logique et d'éthique à l'Université de Columbia, État de New-York, décrit en détail l'entrée en trance telle qu'elle a lieu maintenant. A la première séance qu'il eut avec Mme Piper, il s'assit à plus d'un mètre de distance du médium dans une position lui permettant d'observer attentivement ce qui allait se passer. Depuis longtemps déjà Mme Piper tombe en trance sans qu'on lui tienne les mains ; les assistants, d'ailleurs, évitent de la toucher, pour ne plus donner lieu à cette explication, si souvent proposée autrefois, qu'elle lisait les pensées intimes des assistants, en interprétant les mouvements inconscients de leurs muscles. Le médium resta assis dans un fauteuil, tranquillement, pendant trois ou quatre minutes. Sa tête eut alors quelques secousses, et le sourcil droit des tressaillements ; pendant tout ce temps-là elle ne cessait de se faire les ongles. Puis elle s'appuie en avant sur les coussins disposés sur une table pour recevoir sa tête, elle ferme les yeux et se les frotte ; la face se congestionne pendant quelques instants. Elle ouvre de nouveau les yeux, et les globes oculaires apparaissent légèrement retournés vers le haut; elle se mouche et se remet à se faire les ongles. Le regard devient légèrement fixe. La face change de nouveau d'aspect : la rougeur de l'instant d'auparavant est remplacée par une pâleur légère. Les muscles deviennent moins tendus ; la bouche se tire un peu sur le côté ; le regard devient plus fixe. Enfin, la bouche s'ouvre, et la trance arrive doucement, sans que le médium se débatte, avec l'apparence d'un évanouissement. Alors le D' Hodgson arrange la tête sur les coussins, la joue droite placée sur la main gauche, et la face, par conséquent, tournée vers la gauche, de façon qu'elle ne puisse pas voir la main droite qui, tout à l'heure, écrira automatiquement.

Quiconque a lu avec attention la description qui précède et a assisté aux derniers moments d'un moribond ne pourra s'empêcher de trouver que les phénomènes de l'entrée en trance rappellent assez bien ceux de l'agonie, tout en étant très atténués naturellement. Le professeur Hyslop a même remarqué occasionnellement un léger râle. Au reste, l'entrée en trance était autrefois toujours accompagnée d'une respiration stertoreuse, pour me servir de l'expression du professeur Richet. Les globes oculaires de Mme Piper en trance sont retournés comme ceux d'un mourant. Un jour, le D' Hodgson persuada à Phinuit qu'il devait ramener les yeux dans leur position normale. Le contrôle y consentit, mais il n'y réussit qu'avec peine, et les yeux demeurèrent fixes et hagards. A la fin de la séance, le retour du médium à la vie normale, ou la sortie de la trance, fut très pénible.

Phinuit prétendit qu'il s'était entortillé d'une manière quelconque dans l'organisme du médium et qu'il ne pouvait plus en sortir.

Si pour un instant nous admettions le bien-fondé de l'hypothèse spirite, si nous voulions croire que les contrôles sont bien des esprits humains désincarnés, se communiquant à nous par l'intermédiaire de l'organisme entrancé de Mme Piper, nous ne pourrions trouver que très logiques les explications qu'ils fournissent eux-mêmes sur les phénomènes de l'entrée en trance. Les analogies entre ces phénomènes et ceux de l'agonie s'expliqueraient d'elles-mêmes. Mourir ne serait que l'abandon du corps par l'esprit. Or les contrôles assurent que, pendant la trance, l'esprit de Mme Piper abandonne presque totalement son corps, ce qui arrive aussi, toujours d'après eux, pendant le sommeil normal. Ce corps apparaît alors aux désincarnés comme une coque vide, émettant une certaine force qui fait sur eux l'effet d'une lumière. Ils se plongent dans cette lumière, ils y pensent leurs pensées, et l'organisme de Mme Piper nous les transmet par la voix ou par l'écriture. Mais les désincarnés eux-mêmes ne se rendent pas compte de la façon dont cela se fait : ils n'ont pas conscience d'écrire, et probablement qu'ils n'ont pas non plus conscience de parler.

On me dira que c'est là de la haute fantaisie. Non, ce sont les explications fournies par les contrôles eux-mêmes de Mme Piper, et, comme telles, elles valent la peine d'être enregistrées, qu'on soit disposé ou non à y ajouter foi.

Pendant la trance, l'organisme de Mme Piper ne conserve qu'une sensibilité très émoussée pour les excitations extérieures. Si on pique le bras, même assez sérieusement, avec une aiguille, le bras se retire, mais lentement ; si on met sous les narines un flacon d'ammoniaque, en ayant bien soin que l'ammoniaque soit respiré, la tête ne manifeste pas, par le moindre mouvement, qu'il ait été senti. Un jour, le Dr Hodgson, si je ne me trompe, approcha du bras une allumette enflammée et demanda à Phinuit s'il le sentait.

« Oui, répondit Phinuit, mais très mal, vous savez. Qu'est-ce que c'est au juste ? Quelque chose de froid, n'est-ce pas ? »

Ces expériences et nombre d'autres démontrent que, si la sensibilité n'est pas abolie, elle est tout au moins fortement émoussée.

Après ce qui précède, d'aucuns pourraient s'imaginer que Mme Piper doit être un sujet hypnotique de choix. Or il n'en est rien. Sans être précisément réfractaire à l'hypnose, Mme Piper n'est qu'un très médiocre sujet hypnotique. Le professeur William James, de l'Université d'Harvard, a fait des expériences pour élucider ce point. Ses deux premières tentatives furent entièrement infructueuses. Entre la deuxième et la troisième, le professeur William James demanda au contrôle Phinuit, pendant une trance médiumnique, de vouloir bien lui aider à rendre le sujet hypnotisable. Phinuit promit; du reste, il promet toujours tout ce que l'on veut. A la troisième tentative, Mme Piper s'endormit légèrement; mais ce ne fut qu'à la cinquième séance qu'il y eut un véritable sommeil hypnotique, accompagné des phénomènes musculaires et automatiques ordinaires. Mais il fut impossible d'obtenir rien de plus. L'hypnose et la trance, chez Mme Piper, n'ont aucun point de ressemblance. Dans la trance, la mobilité musculaire est extrême; dans l'hypnose, c'est juste le contraire qui a lieu. Si on lui donne l'ordre, pendant l'hypnose, de se souvenir de ce qu'elle a fait ou dit, elle s'en souvient. Pendant la trance médiumnique, on a plus d'une fois prié le contrôle de faire en sorte que Mme Piper, au réveil, se souvînt de ce qu'elle avait dit; mais on n'a jamais réussi. Pendant la trance médiumnique, Mme Piper semble lire comme dans un livre dans les moindres recoins de l'âme des assistants. Pendant l'hypnose, il n'y a pas trace de ce transfert de pensée. Bref, la trance médiumnique et le sommeil hypnotique ne sont pas une seule et même chose. Quelle que soit la nature intime de la différence, cette différence est si grande qu'elle frappe dès l'abord l'observateur le moins attentif.

CHAPITRE III

Premières trances. — Premières observations soigneuses par le professeur William James, de l'Université d'Harvard (État de Massachussetts, États-Unis).

J'ai déjà dit à quelle occasion Mme Piper avait eu sa première trance. Souffrant d'une tumeur traumatique, elle était allée demander conseil à un médium aveugle, du nom de Cocke. Ce médium donnait des consultations médicales ; mais, en outre, il prétendait avoir le pouvoir de développer les médiumnités latentes. A cette première séance, Mme Piper éprouva de fort curieux élancements, et il lui sembla qu'elle allait se trouver mal. A la séance suivante, M. Cocke lui mit les mains sur la tête. Aussitôt elle sentit qu'elle allait perdre connaissance. Elle perçut un flot de lumière, ainsi que des visages humains inconnus et une main qui s'agitait devant sa face. Elle ne se souvient pas de ce qui se passa ensuite. Mais, à son réveil, on lui raconta qu'une jeune fille indienne du nom de Chlorine s'était manifestée par l'intermédiaire de son organisme et avait donné à un consultant, qui se trouvait là par hasard, une preuve remarquable de la survie.

Mme Piper était donc bel et bien un médium. Aussitôt les personnes de son intimité se mirent à organiser des séances avec elle. Petit à petit, on admit des étrangers dans le cercle intime. Les esprits ou soi-disant tels qui se manifestèrent par son intermédiaire furent assez variés dans les premiers temps. Phinuit, qui peu après devait presque accaparer l'organisme de Mme Piper, fut loin d'être seul pour commencer ; on lui disputa la place. Les premiers contrôles furent, à les en croire eux-mêmes, l'actrice Mrs Siddons, le musicien Jean-Sébastien Bach, le poète Longfellow, le commodore Vanderbilt le milliardaire et une jeune fille italienne du nom de Loretta Ponchini.

S'il faut en croire les assistants de ces premières séances, qui malheureusement n'étaient pas des savants et négligèrent de prendre des notes détaillées, ces visiteurs extra-terrestres rendaient les soirées assez agréables. On ne nous dit pas si Vanderbilt manifesta quelque regret de n'avoir plus ses milliards. Mais Mrs Siddons déclama une scène de *Macbeth* ; Longfellow écrivit des vers ; Loretta Ponchini fit des dessins. Ni les vers ni les dessins n'ont été conservés. Décidément ces premiers privilégiés étaient un peu trop de l'école des spirites, pour qui le document n'a qu'une importance très relative.

Au début, le Dr Phinuit, quand il apparaissait, se bornait à donner des conseils médicaux ou à formuler des diagnostics. Il trouvait tout le reste indigne de lui.

Enfin, un soir, Jean-Sébastien Bach annonça que lui et tous ses compagnons allaient concentrer tout leur pouvoir sur le Dr Phinuit pour en faire le principal contrôle. Nous ne savons naturellement pas ce qu'ils firent ; mais ce qui est certain, c'est qu'à partir de ce moment, le Dr Phinuit devint si bien le principal contrôle qu'il a presque accaparé l'organisme de Mme Piper pendant de longues années. Comme on le verra par la suite, il ne se borna plus à donner des consultations médicales. Il répondit très volontiers à toutes les questions de n'importe quelle nature qu'on lui posait ; et même il parla volontiers de toutes sortes de choses sans qu'on lui posât la moindre question.

Le premier homme de haute intelligence qui eut l'occasion de constater et d'étudier, quoiqu'un peu sommairement, les phénomènes de Mme Piper en trance, fut le professeur William James, de l'Université d'Harvard. Il en fit, en 1886, un rapport succinct, qu'il publia dans les

Annales de la Société américaine pour les Recherches psychiques. Le professeur William James ne s'était pas rendu compte tout d'abord de toute l'importance du cas Piper. Il ne fit pas sténographier les séances; il ne prit même pas des notes complètes. Certes, il s'assura que la fraude n'était pour rien dans les phénomènes, sans cependant prendre les précautions minutieuses que d'autres ont prises après lui. Il constata, et il l'assura dans son rapport, qu'il y avait là un mystère intéressant; mais il laissa à d'autres le soin d'en chercher la clef.

Je parlerai cependant des séances du professeur William James, d'abord parce qu'il ne serait pas convenable de négliger les études même superficielles d'un homme de cette valeur, ensuite parce qu'elles donneront à mes lecteurs une idée nette des phénomènes.

C'est pendant l'automne de 1885 que le professeur James fit la connaissance de Mme Piper. Voici comment. Sa belle-mère, Mme Gibbens, avait entendu parler de Mme Piper par une amie; et, n'ayant jamais vu de médium, elle alla lui demander une séance par curiosité. Mme Gibbens, qui était partie sceptique, revint assez impressionnée. On lui avait donné quantité de détails intimes qu'elle ne croyait pas connus en dehors du cercle de la famille. Le jour suivant, la belle-sœur du professeur James alla voir Mme Piper à son tour et obtint des résultats meilleurs encore que sa mère. Par exemple, la consultante avait placé contre le front du médium une lettre écrite en italien. Or notons que Mme Piper ignore totalement cette langue. Néanmoins Phinuit donna sur l'auteur de la lettre une quantité de détails parfaitement exacts. Le mystère devenait intéressant, étant donné que le jeune Italien, auteur de la lettre, n'était connu que de deux personnes en tout aux États-Unis. Plus tard, à d'autres séances, Phinuit donna même le nom exact de ce jeune homme, ce qu'il n'avait pu faire tout d'abord.

Quand on raconta ces faits au professeur James, on imagine assez quelle fut son attitude. Il fit ce que la plupart de nous faisons ou avons fait. Il fit l'esprit fort, il plaisanta ses parentes sur leur crédulité, et il pensa que décidément les femmes manquent d'esprit critique. Néanmoins sa curiosité était éveillée. Quelques jours après, en compagnie de sa femme et en prenant toutes les précautions possibles pour que Mme Piper ne connût ni son nom ni ses intentions à l'avance, il alla demander une séance à notre médium. Les détails intimes, principalement sur la famille de Mme James, furent répétés. Il en fut même donné d'autres, encore plus circonstanciés. Ce qu'on obtenait avec le moins de facilité était justement, ce qu'on aurait dû obtenir le plus aisément si ces détails avaient été acquis par Mme Piper frauduleusement et par des voies normales : c'étaient les noms propres. Le professeur

William James le premier constata un fait qu'un grand nombre d'autres observateurs devaient constater après lui. On ne peut s'empêcher d'avoir l'impression que les noms sont criés à Phinuit par un esprit. Phinuit, qui doit nous les transmettre, les entend mal, sans doute à cause de sa situation que tous les contrôles représentent comme très incommode, très pénible : l'organisme du médium semble les plonger dans une demi-somnolence. Donc Phinuit répète les noms en les estropiant. Il semble que l'esprit communiquant en a conscience et rectifie. Phinuit répète ainsi le nom plusieurs fois et, assez souvent, ce n'est qu'après plusieurs tentatives qu'il réussit à le rendre exactement. Il arrive même des cas où le nom ne peut pas être donné à la même séance; mais alors, ordinairement, il est donné à une séance subséquente.

Ainsi, à cette première séance du professeur James, le nom de son beau-père, *Gibbens*, fut d'abord donné sous la forme *Kiblin*, puis sous la forme *Giblin* (1). Pour l'intelligence des lecteurs français, je dirai que le nom *Gibbens* se prononce Guibinn's. Le professeur James avait perdu un enfant un an auparavant. On lui en parla, et son nom, qui était *Herman*, fut donné sous la forme *Herrin*. Encore une fois, la prononciation des deux mots *Herman* et *Herrin* se rapproche plus

---

(1) Prononcez Guiblin.

que leur orthographe. Mais les détails qui accompagnaient l'énonciation du nom ne permettaient pas au consultant de se méprendre sur la personne qu'on voulait désigner.

Le professeur James sortit de la première séance en emportant la conclusion que, si Mme Piper, par un hasard inexplicable pour lui, ne connaissait pas d'une manière très intime sa famille et celle de sa femme, il fallait absolument qu'elle eût des pouvoirs supranormaux. Bref, son scepticisme de la première heure était ébranlé, et il eut personnellement avec Mme Piper douze autres séances pendant l'hiver. En outre, il se fit donner des détails circonstanciés par ses parents ou ses amis qui en eurent aussi.

Voici quelques exemples de la clairvoyance de Phinuit.

La belle-mère du professeur James avait, à son retour d'Europe, égaré son carnet de chèques. A une séance qu'elle eut peu après, elle demanda à Phinuit s'il pouvait l'aider à le retrouver. Celui-ci indiqua exactement l'endroit où il était, et on l'y trouva en effet.

A une autre séance, Phinuit dit au professeur James, qui, cette fois, n'était pas accompagné de Mme James: « Votre enfant a pour compagnon ici dans notre monde un jeune garçon du nom de Robert F. » Les F. étaient des cousins de Mme James, et ils habitaient une ville éloignée. A son retour à la maison, le professeur James dit à sa femme : « Vos cousins F. ont perdu un enfant, n'est-ce pas ? Mais Phinuit s'est trompé sur son sexe ; il m'a dit que c'était un garçon. » Mme James confirma la parfaite exactitude du renseignement de Phinuit, alors que son mari croyait à une erreur.

A la deuxième séance qu'eut la belle-mère du professeur James, on lui dit entre autres qu'une de ses filles, qu'on désigna, avait juste à ce moment une vive douleur dans le dos, ce à quoi elle n'était nullement sujette. Néanmoins, le détail fut trouvé parfaitement exact.

A une autre occasion, Phinuit annonça à Mme James et à son frère, et avant l'arrivée d'aucun télégramme, la mort de leur tante, mort qui venait d'avoir lieu à New-York. Il est vrai de dire qu'on s'attendait à cette mort d'un moment à l'autre.

A une autre séance, Phinuit dit au professeur James : « Vous venez de tuer avec de l'éther un chat dont la robe était grise et blanche. La malheureuse bête a longtemps tournoyé sur elle-même avant de mourir. » C'était parfaitement exact.

Phinuit, une autre fois, dit à Mme James que sa tante de New-York, celle justement dont il annonça la mort, lui avait écrit une lettre pour la mettre en garde contre les médiums de toute sorte. Et, peu respectueusement, on esquissa le caractère de la vieille dame, d'une manière tout à fait amusante.

Je cite ces exemples pour donner une idée des renseignements fournis par les contrôles de Mme Piper. Qu'on n'aille pas croire que ce sont les seuls. Ces contrôles ne se font pas prier pour parler. Phinuit est particulièrement bavard, et il parle facilement une heure durant. Ses propos sont souvent incohérents, souvent aussi évidemment faux. Mais, tout au moins, dans les bonnes séances, la vérité et l'exactitude dominent de beaucoup, quelle que soit la source où Phinuit puise ses renseignements, qu'il les reçoive d'esprits désincarnés, comme il le prétend, qu'il les lise dans la conscience ou dans la subconscience du consultant, ou qu'ils lui soient fournis par ce qu'il appelle l' « influence », qu'ont laissée sur les objets qu'on lui présente les personnes à qui ces objets ont appartenu.

J'ai oublié, en effet, de dire que Phinuit demande qu'on lui apporte des objets d'une nature quelconque ayant appartenu aux personnes au sujet desquelles on veut le consulter. Il tâte ces objets et, aussitôt, il dit : « Je sens ici l'influence d'un tel ; il est mort ou il est vivant ; il est lui arrivé telle aventure... » Les détails suivent les détails, et la plupart sont exacts.

Comme je l'ai déjà dit en ce qui concerne le professeur James, Phinuit connaissait particulièrement, d'une façon intime, la famille de Mme James. Or aucun des membres de cette famille n'était dans le voisinage : les uns étaient morts, les autres étaient en Californie, et d'autres dans l'État du Maine.

Ce qui précède suffit pour donner au lecteur une première idée de la physionomie des phénomènes. Je pourrai dorénavant, tout en continuant à rapporter les faits, examiner au fur et à mesure les hypothèses qu'ils suggèrent.

CHAPITRE IV

L'hypothèse de la fraude. — L'hypothèse de la lecture des mouvements inconscients des muscles. — « L'influence » laissée sur les objets.

Quand on expose des phénomènes de cette nature, la première hypothèse qui se présente à l'esprit du lecteur est celle de la fraude. Le médium est un imposteur. Son truc peut être ingénieux et bien dissimulé ; mais il s'agit sûrement d'un truc. Afin donc de poursuivre ces études avec fruit, il importe d'écarter une bonne fois pour toutes cette hypothèse. Or, ce n'est pas facile. La plupart des hommes sont ainsi faits qu'ils ont une très haute opinion de leur propre perspicacité, mais une opinion très défavorable généralement de la perspicacité d'autrui. Ils croient toujours que, s'ils avaient été là, ils auraient eu vite découvert le pot aux roses. Donc, pour entraîner la conviction, il ne faut omettre aucune précaution, il faut tenter tous les moyens, et c'est ce que les observateurs de Mme Piper n'ont pas négligé de faire, comme on va le voir.

Le professeur William James avait introduit auprès de Mme Piper autant de consultants qu'il avait pu en dissimulant leur identité. Personnellement, il fut bien vite convaincu que la fraude n'était pour rien dans les phénomènes. Mais il s'agissait de convaincre les autres. Un membre de la Société pour les Recherches psychiques s'avisa qu'il serait bon de faire filer par des détectives, non seulement Mme Piper quand elle sortait, mais encore tous les autres membres de sa famille. A mon avis, c'était là une idée assez singulière. Les policiers de tous les pays, même privés, passent pour avoir plus d'imagination que de flair et d'intelligence. La justice humaine, borgne et boiteuse, peut faire fond sur leurs rapports ; la science, non. Néanmoins, si on n'avait pas employé de détectives, beaucoup de gens croiraient encore aujourd'hui qu'en très peu de temps on aurait pu ainsi éclaircir le mystère Piper de la façon la plus naturelle du monde. C'est pourquoi le Dr Hodgson, dès son arrivée en Amérique, mit d'habiles limiers aux trousses de tous les membres de la famille Piper. Absolument rien ne fut découvert : les membres de la famille Piper ne posaient à personne de questions indiscrètes, ils ne faisaient aucun voyage suspect, ils ne visitaient pas les cimetières pour y lire des noms sur les tombes. Enfin, Mme Piper, dont le courrier du reste est en tout temps très restreint, ne recevait aucune lettre des agences d'informations.

Plus tard, on dévoila à Mme Piper le moyen qu'on avait pris pour s'assurer de sa bonne foi. Elle ne s'en offensa nullement ; au contraire, elle en reconnut l'absolue légitimité. C'est ce qui prouve une fois de plus sa droiture et son intelligence.

Au reste, cette idée que Mme Piper puisse obtenir les renseignements qu'elle fournit par le moyen d'informations prises au dehors au préalable est absurde pour quiconque a étudié les phénomènes d'un peu près. Les consultants qu'elle a reçus sous de faux noms, venant de tous les points des États-Unis, de l'Angleterre ou même du reste de l'Europe, sont au nombre de plusieurs centaines. La plupart ont passé par l'intermédiaire du professeur James et du Dr Hodgson, et on a pris toutes les mesures nécessaires pour que Mme Piper les vît pour la première fois quelques instants seulement avant le début de la trance. Souvent même les consultants n'ont été introduits qu'après que la trance avait commencé. Ces précautions n'ont jamais nui aux résultats. Les séances, au moins celles qui n'ont pas été compromises par l'état de santé du médium, ont toujours été marquées par une grande quantité de détails parfaitement exacts.

Si Mme Piper obtenait ces renseignements au moyen d'espions à son service, ces espions devraient lui envoyer des détails intimes sur toutes les familles des États-Unis et de l'Europe, puisque Mme Piper ne sait presque jamais à qui elle donnera une séance le lendemain. C'est le Dr Hodgson qui le sait pour elle. Autrefois, c'était le professeur James, au moins dans un grand nombre de cas. Or, l'honnêteté scientifique du Dr Hodgson ou du professeur James — je dis cela pour les lecteurs français qui ne connaissent pas très bien ces deux hommes — ne peut pas plus être soupçonnée que celle d'un Charcot, d'un Berthelot ou d'un Pasteur. Puis, enfin, quel intérêt ces savants pourraient-ils avoir à nous tromper? Ces expériences leur ont coûté des sommes considérables, sans parler du temps et de la peine; elles ne leur ont jamais rien rapporté.

Enfin, Mme Piper est sans fortune. Elle n'aurait pas les moyens de se payer une police comme celle qu'il lui faudrait. Elle fait payer ses séances, c'est vrai : elle gagne environ 5.000 fr. par an, mais une telle police lui coûterait des millions.

Mais, pour écarter tout à fait l'hypothèse de la fraude, il y avait un excellent moyen : c'était d'enlever Mme Piper à son milieu habituel, c'était de la transporter dans un pays où elle ne connaîtrait personne. C'est ce qui fut fait. Certains membres des plus éminents de la Société pour les Recherches psychiques l'invitèrent à venir en Angleterre donner des séances chez eux. Elle y consentit sans difficulté aucune. Elle arriva en Angleterre le 19 novembre 1889, sur un vapeur de la Compagnie Cunard, *la Scythia*. Frédéric Myers, dont la psychologie regrette la perte récente, devait aller la recevoir au débarcadère et la conduire aussitôt chez lui, à Cambridge. Mais, au dernier moment, il fut appelé à Édimbourg et pria son ami, le professeur Oliver Lodge, dont nous avons déjà parlé, le pria, dis-je, de recevoir Mme Piper à sa place. Le professeur Lodge l'installa dans un hôtel, avec ses deux fillettes qui l'accompagnaient. Le soir même, M. Myers arriva, et il l'emmena chez lui dès le lendemain.

Les expériences commencèrent aussitôt à Cambridge. Voilà comment en parle M. Myers :

« Je suis convaincu que Mme Piper, à son arrivée en Angleterre, ne connaissait ni notre pays ni aucun de ses habitants. La domestique qui devait la servir chez moi, elle et ses deux fillettes, avait été choisie par moi-même. C'était une fille de la campagne, que j'avais toutes raisons de croire fidèle, et qui ignorait entièrement mes affaires propres et celles de mes amis. Elle ne pouvait donc renseigner Mme Piper sur rien. Pour plus de sûreté, je me gardai moi-même de fixer à l'avance les personnes que je devais inviter à avoir une séance. Les consultants furent donc pris au hasard. Beaucoup d'entre eux, ne résidaient pas à Cambridge, et je les présentai toujours au médium sous de faux noms, sauf dans un ou deux cas. Parfois même je ne les introduisis que lorsque la trance était déjà commencée. »

A son tour, le professeur Oliver Lodge invita Mme Piper à venir donner des séances chez lui, à Liverpool. Elle y vint et y demeura du 18 au 27 décembre 1889. Pendant ce laps de temps elle donna au moins deux séances par jour, ce qui la fatigua beaucoup. Le professeur Lodge abandonna tout autre travail pour l'étudier. Il nous fait une longue énumération des précautions qu'il prit pour éviter toute fraude. Il constata lui aussi que Mme Piper, qui avait parfaitement conscience de la surveillance dont elle était l'objet, n'en manifesta jamais la moindre humeur et qu'elle la trouvait toute naturelle. S'étant demandé si, par hasard, elle n'aurait pas dans ses bagages de livre contenant les biographies des hommes du jour ou quelque autre ouvrage du même genre, il lui demanda la permission de visiter ses malles. Elle y consentit de la meilleure grâce du monde. Mais Oliver Lodge ne trouva rien de suspect. Mme Piper donna également à lire la plupart des lettres qu'elle recevait : elles étaient peu nombreuses, trois environ par semaine. Les domestiques de la maison étaient tous nouveaux ; ils ne savaient rien des affaires intimes de la famille : ils ne pouvaient donc en rien renseigner le médium. Au reste, jamais Mme Piper ne chercha à les interroger. Mme Lodge, qui était d'abord très sceptique, surveilla ses moindres paroles, pour ne livrer aucune bribe d'information. La Bible de famille (aux premières pages de laquelle sont, suivant l'usage, inscrits les événements mémorables), les albums de photographies furent mis sous clef. Le professeur Oliver Lodge, lui aussi, présenta la plupart des consultants sous de faux noms. Enfin il affirme que l'attitude de Mme Piper n'éveilla jamais le moindre soupçon : elle est digne, réservée et en aucune façon indiscrète.

Bref, pendant ces quinze ans qu'ont duré les expériences, on a tenu compte, pour découvrir la fraude, si fraude il y avait, de toutes les suggestions faites par des contradicteurs sceptiques et parfois passionnés. Tout a été vain. Il faut donc chercher ailleurs l'explication des phénomènes.

Quant à la trance elle-même, tous ceux qui l'ont vue sont d'accord pour dire qu'elle est authentique et nullement feinte.

L'hypothèse de la fraude écartée, on a eu recours à une autre qu'il a bientôt fallu abandonner aussi, celle de la lecture des mouvements musculaires. Il paraît que les liseurs de pensée qui s'exhibent sur les planches accomplissent leurs prouesses en interprétant, avec une intelligence remarquable, aiguisée par une longue pratique, les mouvements inconscients des muscles des personnes dont ils tiennent les poignets. Or, justement Mme Piper tombait en trance autrefois en tenant les deux mains ou, tout au moins, une des deux mains du consultant. Elle gardait ces mains dans les siennes pendant la plus grande partie de la trance. Mais, dit le professeur Lodge, c'était loin d'être toujours le cas. Elle laissait souvent aller les mains du consultant et perdait tout contact avec lui pendant des demi-heures entières. Phinuit, ou quelque autre contrôle, n'en continuait pas moins à fournir des renseignement exacts. Dira-t-on qu'il en avait fait provision pour une demi-heure, pendant qu'il tenait les mains ? Ce ne serait pas sérieux.

Mais cette objection ayant été souvent faite, les consultants cherchèrent à n'avoir plus aucun contact avec le médium. Depuis longtemps déjà, Mme Piper tombe en trance sans prendre la main de qui que ce soit. Son corps tout entier repose, plongé dans un sommeil profond, sauf la main droite, exubérante de vie, qui écrit avec une rapidité vertigineuse et ne cherche que dans de rares occasions à toucher les assistants. Le professeur Hyslop, dans le rapport qui vient de paraître, affirme qu'il évita toujours avec le plus grand soin même d'effleurer le médium ; et, cependant, nous verrons plus tard combien les renseignements qu'il a obtenus ont été précis, puisqu'il croit avoir établi, d'une façon indubitable, l'identité de son père mort. Donc, il faut aussi laisser de côté l'hypothèse de la lecture des mouvements musculaires.

Maintenant, que les objets présentés à Phinuit, et qu'il touche, lui fournissent des renseignements sur leurs anciens possesseurs, grâce à l'« influence » que ceux-ci y ont laissée, Phinuit l'affirme, et, dans une multitude de cas, on serait presque forcé de l'admettre. Mais ici nous sommes déjà en plein mystère. Que peut être cette « influence » ? Nous n'en savons rien. Faut-il y croire ? Faut-il croire Phinuit quand il dit qu'il obtient ses renseignements, tantôt grâce à l'influence laissée sur les objets, tantôt directement de la bouche d'esprits désincarnés ? Avant d'en arriver là, il y a d'autres hypothèses à examiner. Ce serait là une conclusion si transcendante, d'une portée si grande, qu'il n'y faudra arriver qu'après avoir épuisé toutes les suppositions possibles.

CHAPITRE V

Une séance avec Mme Piper. — L'hypothèse de la transmission de pensée. — Quelques incidents.

Il ne déplaira peut-être pas au lecteur d'avoir un échantillon de ces conversations étranges entre des humains et ces êtres invisibles, qui prétendent n'être rien moins que les esprits désincarnés de ceux d'entre nous qui, chaque jour, quittent ce monde de misères. Il ne sera pas difficile de le leur donner. Sur les quatorze ou quinze cents pages en texte serré consacrées au cas Piper dans les *Annales de la Société pour les Recherches psychiques*, il y en a au moins la moitié qui sont composées de rapports des séances, sténographiés ou très détaillés. Dans certains de ces rapports, on a noté jusqu'aux exclamations les plus insignifiantes des assistants.

J'ai choisi la quarante-septième des séances

qui eurent lieu en Angleterre, non parce qu'elle offre un intérêt particulier, mais parce que le rapport qu'en a publié le professeur Lodge n'est pas trop long et que je n'ai pas de place pour des développements étendus.

En lisant le compte rendu de cette séance, certains lecteurs éprouveront peut-être une déception. « Comment ! se diront-ils, c'est là ce qu'ont à nous dire des esprits qui reviennent de l'autre monde. Mais ils parlent comme nous ! Ils traitent les mêmes sujets que nous ! Ce ne sont pas des esprits ! » Cette conclusion serait peut-être un peu hâtive. Je ne dis pas que ce soient des esprits, ou qu'ils reviennent d'un autre monde. Je n'en sais rien. Mais, si par hypothèse cet autre monde existait, il faudrait s'attendre à ce qu'il n'y eût pas un abîme entre ce monde-là et le nôtre. La nature ne fait pas de sauts. C'est assurément là un principe vrai sur tous les mondes et pour tous les mondes. Les esprits qui partent d'ici grossiers, inévolués, triviaux, ne deviennent pas du jour au lendemain d'une beauté transcendante. Ils progressent, c'est certain, comme tout progresse, mais le progrès est lent, s'il est continu. Ces considérations sont la logique même.

Aussi, c'est pourquoi, si vraiment ce sont des esprits qui reviennent, nous avons un moyen, quoique imparfait, de nous en assurer. C'est de leur demander d'établir leur identité, en relatant un nombre aussi grand que possible de faits se rapportant à leur vie sur terre. C'est presque exclusivement à ce travail, facile en apparence, ingrat et difficile en réalité, que se sont consacrés depuis quinze ans les investigateurs du cas Piper. Ils ont échoué souvent dans leurs tentatives, la vérité et l'erreur étant si mêlées dans les choses humaines ; mais ils croient avoir réussi dans un nombre de cas bien déterminés, comme nous le verrons plus tard.

Certains lecteurs, pressés et peu judicieux, diront peut-être qu'on aurait mieux fait de demander aux esprits des nouvelles de ce monde d'où ils prétendent venir. On aurait bien vu si leurs dires étaient vraisemblables. Certes, les esprits ne demandent pas mieux que d'en causer. Pour peu qu'on les en prie, ils ne tarissent pas de détails, traduits forcément par des figures et plus ou moins intelligibles pour nous. Mais à quoi cela peut-il bien servir, tant que l'existence de ces esprits et, partant, du monde où ils vivent ne sera pas prouvée d'une façon indubitable ? Des mondes ! Le moins imaginatif d'entre nous peut en forger de toutes pièces tant qu'il veut. On dit même, on ne l'a pas prouvé, mais on dit que notre subconscience, quand elle s'en mêle, peut très bien, elle aussi, imaginer un monde.

Donc, pour le moment, si des esprits viennent nous hanter, la science n'a qu'une chose à faire, c'est de les prier de prouver leur identité. On verra ensuite s'il faut les croire.

Dans le cas Piper, la conversation a lieu presque toujours entre le ou les consultants et le Dr Phinuit. Ce brave Dr Phinuit ne cède pas volontiers sa place, quoique cela lui arrive parfois. Quand il nous transmet des renseignements, qu'il prétend avoir reçus d'autres esprits, tantôt il parle à la troisième personne, tantôt, au contraire, il rapporte les propos mot pour mot et parle à la première personne. Il ne faut jamais oublier ce détail pour bien lire les rapports. Voici donc la traduction de la quarante-septième séance en Angleterre.

Les consultants sont le professeur Oliver Lodge et son frère Albert Lodge. Ce dernier prend des notes.

Les phrases entre parenthèses sont des remarques faites après la séance par le professeur Lodge.

PHINUIT. — Savez-vous, Capitaine (1), qu'en venant ici (2), j'ai rencontré le médium qui sortait et qui pleurait. Pourquoi?

PROF. LODGE. — C'est qu'elle s'est séparée

---

(1) A la première séance qui eut lieu à Liverpool, il est question d'un capitaine de vaisseau. Phinuit s'embrouille et finit par appeler ainsi le professeur Lodge. Depuis lors, il n'a cessé de lui donner ce titre, sans doute en y mettant un peu de malice : car, en Angleterre, le peuple appelle *Capitaine* ou *Gouverneur* tous les supérieurs.

(2) Dans l'organisme du médium.

de ses deux fillettes pour quelques jours, et elle en éprouve du chagrin.

Phinuit. — Comment allez-vous, Alfred ? Je trouve ici fortement l'influence de votre mère (une pause). Tiens ! parbleu ! C'est la bague de votre tante Anne (il touche la bague que j'avais mise exprès à mon doigt juste avant la séance); c'est la bague qu'elle vous a remise. « Mon petit Olivier (1), c'est l'un des derniers objets que je vous aie donnés. L'une des dernières choses que je vous aie dites quand j'étais encore dans mon corps a été, en vous présentant cette bague : je la donne à votre mère par votre intermédiaire. »

(Ces détails sont entièrement exacts.)

Prof. Lodge. — Oui, je m'en souviens parfaitement.

Phinuit. — « Moi, je ne l'oublierai jamais.

« Gardez cette bague en souvenir de moi; car je ne suis pas morte. Les esprits n'oublient pas les objets qui leur ont appartenu quand ils étaient dans le corps, et ces objets les attirent lorsqu'un souvenir particulier y est attaché. Je vous l'assure, mon enfant, je vois cette bague aussi nettement que si j'étais encore dans mon corps. » (D'autres conseils me furent donnés, et la conversation dura quelque temps sur ce ton. La dernière phrase fut:) « Tâchez de vous convaincre

(1) Ici, Phinuit rapporte textuellement les paroles de la tante Anne, qui est censée présente.

par vous-même (1), et que les autres en fassent autant. Nous sommes tous sujets à l'erreur, et il faut que chacun voie de ses propres yeux. Voilà un monsieur qui désire vous parler. »

M. E. (2). — Lodge, comment allez-vous ? Je suis vivant et non mort. C'est moi. Vous me reconnaissez, n'est-ce-pas ?

Prof. Lodge. — Certainement, et je suis enchanté de vous revoir.

M. E. — N'abandonnez pas votre entreprise (3), Lodge. Attachez-vous-y. Vous ne pouvez rien faire de mieux. Ce sera dur pour commencer. Mais on peut réussir parfaitement. Peu à peu vous corrigerez les erreurs. Vous ne pourrez y arriver que par l'intermédiaire de la trance. Il faut mettre le médium en trance.

Le Prof. Lodge. — N'est-ce pas mauvais pour le médium ?

M. E. — Il n'y a pas d'autre moyen, Lodge. C'est mauvais pour elle dans un sens, mais c'est bon dans un autre. C'est sa mission. Quand elle sort de son organisme, et lorsque j'en prends possession, je puis venir faire part au monde de

(1) De la survie.
(2) Phinuit semble s'être absenté, et M. E. prend sa place. Ce M. E. était un ami intime du professeur Lodge ; il était apparu à une précédente séance et avait donné des preuves de son identité, preuves qui avaient été vérifiées après coup. Le professeur Lodge le reconnaît aussitôt à sa manière de l'interpeller. Souvenons-nous que Phinuit l'appelle toujours *Capitaine*.
(3) L'entreprise de prouver la survie.

vérités importantes. Il y a un pouvoir infini au-dessus de nous, Lodge ; croyez-y fermement, un pouvoir infini et merveilleux. Un médium est pour nous comme une sphère lumineuse. Vous autres, vous êtes pour nous aussi obscurs et aussi matériels que possible ; mais nous trouvons de temps en temps quelques-unes de ces lumières. C'est comme une suite d'appartements obscurs avec quelques bougies à une extrémité. Naturellement ce sont là des comparaisons pour me faire comprendre. Quand vous avez besoin d'une lampe, vous vous en servez ; votre travail fini, vous l'éteignez. Les médiums sont comme des fenêtres à travers lesquelles on regarde. Lodge, c'est une énigme. C'en est une pour nous aussi, bien que nous comprenions mieux que vous. J'y travaille dur. Je donnerais je ne sais quoi pour éclaircir ce mystère des communications. Elles ne sont pas faciles. Néanmoins je crois qu'avant peu, par l'intermédiaire d'un médium quelconque, je ferai part à votre monde de choses intéressantes. (Ces propos durèrent encore quelque temps, puis :) Lodge, ne perdez pas courage. Il y a, au contraire, tout lieu d'espérer. Persistez, mais ne soyez pas pressé. Rassemblez des faits, ne vous inquiétez pas de ce que les sots peuvent penser de vous, et cherchez. Soyez sévère dans vos expériences, et ne les publiez qu'après avoir acquis la certitude. On arrivera, à la fin, il n'y a pas à en douter. Cela sera.

Prof. Lodge. — N'avez-vous pas vu mon oncle Jerry?

M. E. — Si, je l'ai rencontré, il n'y a pas longtemps. Un homme très intelligent; nous avons eu ensemble une intéressante conversation.

Prof. Lodge. — Quelle sorte d'individu est ce D' Phinuit?

M. E. — Le D' Phinuit est un type particulier. Il va et vient sans cesse, et se mêle à tout. Il est excentrique et original, mais il a bon cœur. Je ne voudrais pour rien au monde faire ce qu'il fait. Il se rend parfois méprisable, et c'est regrettable. Il a des idées à lui sur les choses et sur les gens. Beaucoup des choses qu'il vous rapporte, il les a apprises ici, auprès des intéressés. En fréquentant, par l'intermédiaire du médium, des gens peu distingués, il a rassemblé une quantité d'expressions peu choisies. Ces choses l'émoustillent, et il les répète ensuite. Il est forcé de prendre des informations auprès d'un grand nombre de personnes, et cela ne lui est pas facile. Une nature plus haute ne voudrait pas faire ce qu'il fait. Mais c'est un bon diable, pas méchant. Au revoir, Lodge! Le voilà justement qui revient.

Prof. Lodge. — Au revoir, E. Je suis heureux d'avoir pu causer avec vous.

Phinuit (qu'on reconnaît à sa voix) (1). —

---

(1) Ces changements de voix de la part du médium sont

Cette bague appartient à votre tante. Votre oncle Jerry me prie de demander... A propos, savez-vous que M. E. était ici ? Ne l'avez-vous pas entendu (1) ?

Prof. Lodge. — Si, j'ai eu avec lui une longue conversation.

Phinuit. — Votre oncle Jerry vous prie de questionner son frère Robert au sujet de sa canne. Il l'avait tournée lui-même. Elle a un bout recourbé avec une pièce d'ivoire à l'extrémité. C'est Robert qui l'a, et il a fait graver dessus ses initiales. (Il existe bien une canne, mais la description est inexacte.) Robert a aussi la peau et la bague. Votre oncle Jerry se souvient de l'incident d'un chat que Robert tua et qu'il attacha à une palissade pour le voir se débattre avant de mourir. Cela se passait, si j'ai bien compris, dans le champ de Smith. Jerry et Robert avaient rassemblé toute une bande de gamins. Robert connaissait Smith. Votre oncle Jerry se souvient aussi de la manière dont, une veille de Toussaint, lui et Robert cognèrent aux vitres et se firent pincer. (Il existe bien à Barking, où mes oncles ont passé leur enfance, un champ appelé le champ de Smith ; mais mon oncle Robert, consulté, ne se souvient pas de l'inci-

déjà surprenants. Si nous avons affaire à de la simulation, Mme Piper est la plus accomplie des actrices connues jusqu'à ce jour.

(1) Les esprits s'étonnent toujours que nous ne les *entendions* pas parler entre eux.

dent du chat.) Votre tante Anne veut savoir ce qu'est devenu son manteau de loutre. Qui est-ce donc qui est allé en Finlande ou en Norvège ?

Prof. Lodge. — Je ne sais pas.

Phinuit. — Connaissez-vous M. Clark ? Un homme grand, très brun, qui est encore dans le corps (1) ?

Prof. Lodge. — Je crois que je le connais.

Phinuit. — Son frère lui envoie ses amitiés. Vous savez que votre oncle Jerry a parlé à M. E. Ils sont devenus une paire d'amis. M. E. lui a expliqué ce que nous faisons. Votre oncle Jerry a dit qu'il vous raconterait tous les détails qu'il pourrait se rappeler au sujet de sa famille. Vous n'aurez qu'à en vérifier l'exactitude auprès de son frère Robert. Si Robert ne comprend pas bien, qu'il vienne ici : on lui rafraîchira la mémoire. Comment va Marie (2) ?

Prof. Lodge. — Tout doucement; pas très bien.

Phinuit. — William (3) est content qu'elle parte. (Elle se rendait sur le continent; mais Mme Piper le savait.) Sa femme (4) se faisait beaucoup de chagrin à son sujet. Vous souvenez-vous du grand fauteuil où il avait l'habitude de s'asseoir et de se livrer à ses interminables réflexions ?

(1) Qui vit encore..
(2) Mme Lodge.
(3) Beau père de Mme Lodge.
(4) Mère de Mme Lodge.

Prof. Lodge. — Oui, parfaitement.

Phinuit. — Il va maintenant encore souvent s'y asseoir (1). Il s'y goberge. Il s'asseyait en face d'une fenêtre, la tête entre les mains, et il réfléchissait interminablement. (Ceci est exact et se passait dans son bureau.) Aujourd'hui il est plus heureux et a l'air plus jeune. Ce fut Alec qui tomba par un trou de la barque; Alexandre Marshall, son premier père (2). (Ce détail est exact.) Où est Thompson? Celui qui perdit son porte-monnaie?

Prof. Lodge. — Oui, je sais.

Phinuit. — J'ai rencontré ici son frère, qui envoie ses amitiés à tout le monde, mais surtout à sa sœur Fanny. C'est ce qu'il essayait de dire avant de se retirer, mais il n'en eut pas le temps (3).

Prof. Lodge. — Oui, nous l'entendîmes.

Phinuit. — Ah! vraiment! Alors, très bien! Il dit que sa sœur Fanny est un ange et qu'il l'a vue aujourd'hui même. Dites à Ike, ajoute-t-il, que je lui ai beaucoup de reconnaissance.

---

(1) Étranges, ces affirmations, que les esprits reviennent souvent à notre insu visiter les lieux où ils ont vécu et refaire ce qu'ils avaient l'habitude de faire. Mais la littérature spéciale en est pleine.

(2) Le père de Mme Lodge. Phinuit avait fait allusion, dans une séance précédente, à cet accident de la barque, sans pouvoir préciser s'il était arrivé au père ou au beau-père de Mme Lodge.

(3) Allusion à une précédente séance (la 45ᵉ), où ce Thompson avait pris la parole.

Dites-lui que les jeunes filles s'en tireront parfaitement. La mère de Ted et... Comment va Susie ? Présentez mes amitiés à Susie.

Prof. Lodge. — Je n'ai pas pu découvrir qui était le M. Stevenson pour qui vous m'avez donné un message. Quel est son prénom ?

Phinuit. — Ah ! oui ! de la part de la petite Minnie Stevenson. Ne savez-vous pas que son prénom est Henry. Oui, Henry Stevenson. La mère est dans le monde des esprits, pas très éloignée (1). Donnez-moi cette montre. (Phinuit essaye de l'ouvrir.) Sortez-la de son écrin ; ouvrez-la moi. Votre oncle Jerry me dit qu'un jour il prit son couteau et fit quelques marques ici, près de l'anneau. Regardez à un bon jour, et vous les apercevrez. (Il y a un petit paysage gravé à l'endroit indiqué ; quelques-unes des lignes figurant le ciel ont été creusées inutilement et, selon toute apparence, par instinct de mal faire ou par désœuvrement. J'ignorais certainement l'existence de ces marques, d'autant plus que je n'avais même jamais tiré la montre de son écrin.)

On voit d'après cet échantillon la nature des renseignements fournis. Beaucoup sont vrais ; d'autres sont invérifiables, ce qui ne prouve pas

(1) Dans ces communications, les soi-disant esprits affirment toujours que les morts vont toujours s'éloignant de plus en plus de notre univers, à mesure qu'ils progressent, et en raison directe du temps écoulé depuis leur mort.

qu'ils soient faux ; d'autres renferment à la fois de la vérité et de l'erreur ; enfin il y en a de totalement faux, c'est certain. C'est ce qui rapproche encore plus ces conversations transcendantales des conversations entre humains incarnés. *Errare humanum est.* Et il paraîtrait que ce lourd cadavre que nous traînons avec nous n'est pas seul à incriminer quand nous sacrifions à l'erreur.

Mais, l'hypothèse de la fraude et celle de la lecture des mouvements musculaires ne pouvant pas être invoquées, où trouverons-nous la source de la masse de renseignements exacts que nous fournit Mme Piper ? L'hypothèse la plus simple, après celles que nous avons dû écarter, est celle qui consiste à croire que le médium prend ses renseignements dans l'esprit des assistants. Elle doit lire dans leur âme, comme d'autres lisent dans un livre ; il doit y avoir entre elles et eux une transmission de pensée (1). Avec ces données, elle construirait de toutes pièces des marionnettes tellement parfaites, tellement vivantes, qu'une infinité de consultants quittent la séance avec la persuasion qu'ils ont communiqué avec leurs parents décédés. Si cela était vrai, ce serait déjà là un joli miracle. Jamais génie, ni le divin Homère, ni le froid Tacite, ni Shakespeare n'aurait été un créateur d'hommes comparable

(1) C'est l'hypothèse appelée par les Anglais *thought transference.*

à Mme Piper. Même ainsi la science n'aurait jamais rencontré un sujet plus digne de l'occuper que cette femme.

Mais la plupart de ceux qui ont eu des séances avec Mme Piper affirment que les renseignements fournis n'étaient pas dans leur conscience. Si ce sont eux qui les ont fournis, le médium a dû les prendre, non pas dans leur conscience, mais dans leur subconscience, dans les replis les plus cachés de leur âme, dans cet abîme où s'enfoncent, loin de notre vue, les faits qui ont occupé notre esprit un moment, même très superficiellement, et où ils laissent, paraît-il, une trace indélébile.

Ainsi le mystère devient de plus en plus profond. Mais ce n'est pas tout. À chaque instant, Mme Piper donne aux assistants des détails que ceux-ci affirment n'avoir jamais pu connaître. Il faut donc que Mme Piper les lise instantanément dans l'esprit des personnes, quelquefois très éloignées, qui les connaissent. C'est l'hypothèse de la télépathie, sur laquelle nous n'insisterons pas pour le moment ; car nous devrons l'étudier à fond plus tard.

Le professeur Lodge a dressé, pour les séances qui eurent lieu en Angleterre, une liste, forcément incomplète, des incidents mentionnés par le médium que les personnes présentes, ou avaient entièrement oubliés, ou avaient tout lieu de supposer qu'elles ne connurent jamais, ou qu'il était impossible qu'elles connussent.

Cette liste contient quarante-deux de ces incidents. J'en citerai quatre ou cinq pour donner à mes lecteurs une idée de leur nature. Je les prendrai de préférence dans la famille Lodge, pour ne pas introduire sans nécessité de nouveaux personnages.

A la 16e séance, Phinuit affirme au professeur Lodge que son fils aîné a du mal au mollet. Or, à ce moment, l'enfant ne se plaignait que d'une douleur au talon quand il marchait. Le médecin consulté avait vaguement diagnostiqué un rhumatisme. Mais, quelques jours après la séance, la douleur se localisa au mollet. Or, il ne pouvait pas y avoir d'autosuggestion, car le professeur Lodge nous affirme qu'il n'avait parlé de rien à son fils.

A la séance n° 44, le professeur Lodge demande à son oncle Jerry, qui est censé communiquer : « Vous souvenez-vous de quelque incident de votre enfance ? » L'oncle Jerry répond aussitôt : « Certainement, je me souviens d'avoir failli me noyer. » Suit un rire très caractéristique du personnage. « Nous étions toute une bande de jeunes garçons qui montâmes dans une barque ; elle chavira, et nous dûmes traverser la rivière à la nage contre le courant. Demandez à mon frère Robert ; il doit se souvenir. »

Consulté, l'oncle Robert se souvient très bien

de l'incident; mais il donne des détails différents. Cette confusion dans les détails d'un événement lointain, cette mémoire partielle se produit à tout instant pour chacun de nous. Sous ce rapport, les désincarnés ressembleraient une fois de plus aux incarnés. Il paraît que ce n'est pas la barque qui chavira ; mais les deux jeunes Lodge, Jerry et Robert, au sortir de la barque, se mirent à jouer brutalement sur le bord de la rivière et tombèrent à l'eau. Ils durent nager tout habillés, pour atteindre la rive opposée, contre un courant violent, qui les entraînait droit sous les roues d'un moulin.

A la séance n° 46, le père du professeur Lodge lui dit : « La dernière visite que je fis avant de mourir fut chez ton oncle Robert. J'y éprouvai déjà des symptômes inquiétants. » Le professeur Lodge ignorait ce fait, ou, s'il l'avait connu, il l'avait si parfaitement oublié qu'il dut se renseigner auprès d'un de ses cousins pour savoir s'il était exact. Celui-ci répondit en le confirmant entièrement.

A la séance n° 82, l'oncle Jerry, parlant de son frère Frank, qui est encore vivant, s'exprime ainsi, à propos d'un incident de leur enfance : « Ah ! oui, certes ! Frank était plein de vie ; il grimpa une fois sous le toit de chaume et s'y cacha. C'est incroyable combien il était capable de commettre d'espiègleries. Il se promenait sans chemise, jetait à terre les chapeaux des passants. Il y avait auprès de chez nous une famille Rodney. Il administra une volée magistrale à un de leurs enfants appelé John. Celui-ci se sauva, et son père menaça Frank ; mais Frank lui échappa : Frank échappait toujours. Il pouvait se fourrer dans un trou, quelque petit qu'il fût, bien mieux qu'un autre enfant. Il grimpait aux arbres comme un singe. Quel enfant terrible c'était ! Je me souviens de la manière dont il pêchait : il entrait dans l'eau jusqu'à la poitrine ; on croyait qu'il y attraperait la mort, mais il n'attrapa jamais rien. »

Cet oncle Frank vivait encore en 1890 et habitait la Cornouaille. Le professeur Lodge lui écrivit pour lui demander si les détails ci-dessus étaient exacts. Il répondit, entre autres, en précisant les moindres détails : « Je me souviens très bien de m'être battu avec ce garçon : j'avais dix ans alors, et je crois bien que j'étais un très mauvais garnement. »

Le 29 novembre, le professeur Henry Sidgwick — encore un homme des plus éminents — eut une séance avec Mme Piper. Il fut convenu avec Mme Sidgwick, qui restait à la maison, qu'elle prendrait pendant la séance une attitude particulière. On demanderait à Mme Piper de la décrire, pour mettre à l'épreuve son pouvoir de vue à distance. Phinuit, interrogé, répondit : « Elle est assise dans un grand fauteuil, elle parle à une autre dame, et elle a jeté quelque chose sur sa tête. » Ces détails étaient parfaitement exacts. Mme Sidgwick était assise dans un grand fauteuil, elle parlait à Mlle Alice Johnson, et elle avait jeté sur sa tête un foulard bleu. D'ailleurs, Phinuit se trompa en indiquant la situation et en donnant la description de la pièce où cela se passait.

CHAPITRE VI

Phinuit. — Ses origines probables. — Son caractère. — Ce qu'il dit de lui-même. — Son français. — Ses diagnostics médicaux. — N'est-il qu'une personnalité seconde de Mme Piper?

Au point où nous en sommes arrivés, une question intéressante se pose : Qu'est-ce que Phinuit? D'où vient son nom? D'où vient-il lui-même? Faut-il croire qu'il est un esprit humain désincarné, comme il l'affirme obstinément, ou faut-il le prendre pour une personnalité seconde de Mme Piper? Si c'est un esprit, cet esprit-là n'a sûrement pas l'amour de la vérité, comme on va le voir, et sur ce point encore il ressemble un peu trop à beaucoup d'entre nous. En tous cas, nous pouvons remarquer en passant cet entêtement des contrôles à vouloir se faire passer pour des esprits désincarnés : le fait est tout au moins digne d'attention. Je veux bien que ce soit une suggestion imposée par la personnalité normale du médium à ses personnalités secondes ; mais je me demande pourquoi on ne peut jamais détruire cette suggestion. Des tentatives nombreuses ont été faites, à propos de Phinuit principalement : elles n'ont jamais abouti qu'à exciter les quolibets de ce brave docteur désincarné, qui tient absolument à rester un esprit. Quoi qu'il en soit, essayons pour le moment de dégager les origines de ce contrôle.

On n'a pas oublié que la médiumnité de Mme Piper fit éclosion, si je peux m'exprimer ainsi, pendant les séances qu'elle eut avec le médium aveugle J.-R. Cocke. Or, ce dernier médium était alors et a toujours été depuis, je crois, contrôlé par un certain docteur appelé Albert-G. Finnett, un médecin français de la vieille école qui produisit Sangrado. Au reste, ce vieux chirurgien-barbier, comme l'appelle son médium, est fort modeste. Il dit qu'il n'est « personne en particulier » : je souhaite qu'il ne veuille pas dire qu'il ressemble au capitaine Némo, de Jules Verne. Son nom *Finnett* est prononcé par les Anglais *Finny :* il y a là une grande ressemblance de nom avec notre propre docteur *Phinuit*. C'est pourquoi on est en droit de se demander si le médium Cocke, en éveillant la médiumnité de Mme Piper, ne lui aurait pas en même temps fait cadeau de son contrôle. Le Dr Hodgson a interrogé plusieurs fois Phinuit à ce sujet. Mais celui-ci affirme qu'il ne sait pas ce qu'on veut lui dire, et que le premier organisme humain par l'intermédiaire duquel il se soit manifesté est celui de Mme Piper. Je n'essayerai pas de trancher la question.

La première fois que Mme Piper vit écrit le nom de son contrôle, ou tout au moins à moitié écrit, ce fut après la naissance de son second enfant, en octobre 1885. L'incident est raconté par Mme Piper elle-même, en réponse à une question du Dr Hodgson. Il est assez extraordinaire pour être rapporté.

Mme Piper venait de se mettre au lit, et elle était sur le point de s'endormir. Tout à coup, elle aperçut en face d'elle, sur le mur, une vive lumière et, au milieu de cette lumière, les quatre lettres *Phin...* apparaissaient en noir. Naturellement elle pensa aussitôt à son contrôle ordinaire. Elle demanda à son mari s'il voyait la lumière. « Non, répondit celui-ci, je ne vois rien. Qu'as-tu? Est-ce que tu vas tomber en trance? » La lumière ayant disparu, notre médium se leva, alluma une bougie et alla voir s'il ne restait aucune trace des lettres sur le mur. Il n'en restait rien.

Si Phinuit n'a pas varié sur son nom même, il a sûrement varié sur l'orthographe. Jusqu'en 1887, toutes les fois qu'il consentit à signer son nom, il signa *Phinnuit*, avec deux *n*. Le Dr Hodgson s'accuse d'être probablement l'auteur de la variation orthographique. Il prit étourdiment l'habitude d'écrire Phinuit avec un seul *n*; il donna cette orthographe à ses amis. Mme Piper, à l'état normal, eut souvent occasion de voir ce nom ainsi écrit. Et c'est ainsi que, dans la première moitié de l'année 1888, Phinuit se mit à écrire lui aussi son nom avec un seul *n*. Ce ne fut que plus tard, en compulsant ses anciennes notes, que le Dr Hodgson s'aperçut de l'erreur.

Le lecteur s'étonnera peut-être que je parle de la personnalité Phinuit comme s'il était entendu d'ores et déjà que ce docteur hypothétique est bien réellement un esprit, c'est-à-dire une personnalité aussi différente de celle du médium que vous et moi nous pouvons être différents l'un de l'autre. Je tiens à faire mes réserves sur ce point. Les investigateurs du cas Piper, trouvant entre les contrôles et le sujet à l'état normal des différences aussi tranchées que celles qui existent entre les individus en chair et en os, ont adopté, par commodité, le langage de ces contrôles, mais en nous prévenant que par là ils n'entendaient pas préjuger de leur nature. Je fais et je continuerai à faire comme eux. Cela n'a pas le moindre inconvénient, pourvu qu'on se soit bien entendu à l'avance.

Revenons à Phinuit et tâchons d'esquisser son caractère. Ce docteur de l'Au-delà n'est pas un méchant homme, au contraire : il est très obligeant et ne cherche qu'une chose, faire plaisir à tout le monde. Il répète tout ce qu'on veut, fait tous les gestes que lui suggèrent les communiquants pour se faire reconnaître, même ceux d'un petit enfant. Il chante à une mère éplorée, de sa voix plutôt grosse, le chant de nourrice ou la berceuse que celle-ci chantait à son enfant malade, quand ce chant doit servir de preuve d'identité. Je trouve dans les rapports du Dr Hodgson au moins un cas de ce genre. Le couplet chanté pouvait naturellement très bien être connu de Mme Piper : il doit être assez répandu. Mais, comme ce chant avait été souvent chanté, pendant sa dernière maladie, par l'enfant qui communiquait, et comme ce couplet fut le dernier qu'elle chanta sur terre, la coïncidence est tout au moins surprenante. Il est probable que Mme Piper prenait l'air et les paroles où elle prend tant d'autres détails, à une source inconnue de nous.

Mais, si le Dr Phinuit a bon cœur, il est parfois déplorablement trivial. Son langage s'élève rarement, et ses expressions sont presque toujours vulgaires. Il ne déteste pas à l'occasion un bon mot ni une pointe d'humour. Ainsi nous l'avons vu malicieusement persister à donner au professeur Lodge le titre de capitaine. Une autre fois, il cherche pendant assez longtemps et finit par trouver exactement le nom d'une personne : Théodora. Ensuite il ajoute, blagueur : « Hum! c'est un nom grandiose, quand une fois on l'a saisi! » Ce qui n'empêche pas Phinuit de dénatu-

rer le nom Théodora en Théosophie et d'appeler
Théosophie la personne en question ! Il me serait
facile de donner d'autres exemples de l'esprit de
Phinuit. Mais à ce propos je dois remarquer que
je trouve étonnant ce mot de *théosophie* dans la
bouche de Phinuit, même lorsqu'il en fait usage
pour plaisanter. Évidemment Mme Piper connaît
très bien et le nom et la chose. Mais au temps où
le Dr Phinuit en chair et en os soignait ses contemporains, je ne crois pas qu'il fût encore question de la théosophie ni de Mme Blavatsky, sa
fondatrice. Il existait bien une secte de théosophes à la fin du XVIIIe siècle, mais combien
obscure !

Avec cela, le Dr Phinuit n'est pas médiocre-
ment fier de ses exploits. Il tient à faire croire
qu'il sait tout et qu'il voit tout. Au reste, c'est
peut-être toujours pour avoir l'air de ne rien
ignorer qu'il avance parfois tant de faits con-
trouvés. Et cela est déplorable ; car combien il
rendrait plus de services si ses dires n'étaient
jamais sujets à caution ! Malheureusement il est
loin d'en être ainsi : Phinuit, par moments,
semble mentir de propos délibéré. On l'a bien
vu quand on lui a demandé de prouver son identité en donnant des détails sur sa vie terrestre.

En décembre 1889, il répond au professeur
Alfred Lodge, frère d'Oliver Lodge :

« Il y a vingt ou trente ans que je suis
dans le monde des esprits, autant que je puis en

juger (1). Je mourus à soixante-dix ans de la lèpre. Désagréable maladie ! J'ai voyagé en Australie et en Suisse. Ma femme s'appelait Marie Latimer. J'avais une sœur du nom de Joséphine. Mon père s'appelait Jean. J'ai étudié la médecine à Metz. C'est dans cette ville que j'ai été diplômé à l'âge de trente ans. Je me suis marié à trente-cinq ans. Informez-vous aussi à l'Hôtel-Dieu de Paris. Je suis né à Marseille. Je suis un Français du midi. Essayez de trouver une femme du nom de Carey, une Irlandaise dont le père était Français. J'eus pitié d'elle à l'hôpital. Mon nom complet est Jean Phinuit Schlevelle (ou Clavelle), mais on m'a toujours appelé le docteur Phinuit. Connaissez-vous un docteur appelé Clinton Perry ? Vous le trouverez à l'hôpital Dupuytren, et la femme dont je viens de parler à l'Hôtel-Dieu. Il existe une rue Dupuytren, une fameuse rue pour les médecins... Ma mission consiste maintenant à communiquer avec ceux qui sont encore dans le corps et à leur faire croire à notre existence. » Je crois que le Dr Phinuit a été mal choisi pour remplir ce rôle. Les renseignements qu'il veut bien nous donner ici sur sa personne ne portent pas la marque de l'absolue sincérité. On dirait d'un Anglais ou d'un Américain qui veut se faire passer pour Français auprès de ses compatriotes, tout en

(1) Les soi-disant esprits affirment toujours qu'ils ont une notion très imparfaite du temps.

connaissant mal et la France et les choses de France. Si encore il s'y était tenu ! Mais non ! Il a souvent varié. Au Dr Hodgson, il affirme qu'il s'appelle Jean Phinuit Scliville. Il fut incapable de lui dire la date de sa naissance et celle de sa mort. Mais, en comparant les renseignements qu'il donne, on pourrait supposer qu'il est né en 1790 et qu'il est mort en 1860. Il dit à Hodgson qu'il étudia la médecine à Paris, dans un collège appelé *Merciana* ou *Meerschaum*, il ne sait pas au juste. Il étudia aussi la médecine, ajoute-t-il, à « Metz en Allemagne ». Ce n'est plus lui qui avait une sœur du nom de Joséphine, c'est sa femme. « Joséphine, dit-il, était ma bonne amie, tout d'abord ; mais je l'abandonnai ensuite, et j'épousai sa sœur Marie. » Cette Marie Latimer aurait eu trente ans quand elle épousa le Dr Phinuit. Elle serait morte à cinquante ans. « Connaissez-vous, demande-t-il à Hodgson, l'hôpital de Dieu (sic) ? — Oui, c'est à Paris. — Vous souvenez-vous du vieux Dyruputia ? (Dupuytren ?) Il était le chef de l'hôpital. Il y a à Paris une rue qui porte son nom. » Phinuit serait allé à Londres, et de Londres en Belgique. « Je voyageais beaucoup, lorsque ma santé devint mauvaise. »

Dans le passage cité plus haut, Phinuit prétend s'être assigné le rôle de prouver l'existence des esprits. S'il s'était assigné le rôle contraire, il serait beaucoup plus sûr de réussir, en nous donnant des renseignements pareils. Si on s'en tenait là, on se demanderait comment des hommes sérieux ont pu s'occuper aussi longtemps de pareilles fariboles. Heureusement que d'autres ont mieux réussi que Phinuit à établir leur identité, comme nous le verrons plus tard. Phinuit lui-même, s'il raconte des histoires à dormir debout lorsqu'il parle de lui, révèle les secrets les plus intimes et les plus cachés lorsqu'il parle des autres. Vraiment on a raison de dire que ces phénomènes sont déconcertants. Mais ils n'en sont pas moins intéressants pour la science, lorsque leur authenticité et la sincérité du médium sont hors de discussion, comme dans le cas qui nous occupe. Je continuerai donc à m'occuper de la personnalité Phinuit : elle formera le revers de la médaille.

Un médecin américain, que le Dr Hodgson désigne par les initiales C. W. F., a une séance de Mme Piper le 17 mai 1889. Voici un fragment du dialogue qui s'engage entre lui et Phinuit :

C. W. F. — Quels étaient les médecins les plus éminents de Paris de votre temps ?

Phinuit. — Bouvier et Dupuytren (1). Ce dernier était à l'Hôtel-Dieu.

C. W. F. — Dupuytren vivait-il encore à l'époque de votre mort ?

Phinuit. — Non, il est mort avant moi. Je suis

---

(1) Bouvier mourut en 1827, Dupuytren en 1835.

mort il y a une vingtaine ou une trentaine d'années.

C. W. F. — Quelle influence a mon esprit dans tout ce que vous me dites ?

Phinuit. — Je ne tire rien de votre esprit. Je ne puis pas plus lire dans votre esprit que je ne puis voir à travers un mur.

Phinuit ajouta qu'il voyait objectivement les personnes dont il parlait et que c'étaient elles qui lui fournissaient ses renseignements.

C. W. F. — Avez-vous des parents à Marseille ?

Phinuit. — J'y avais un frère, qui mourut il y a deux ou trois ans.

Un peu plus loin à la même séance, Phinuit dit : « Il y a des gens qui pensent que le médium et moi nous ne faisons qu'un. C'est une grosse bêtise. »

Allons, tant mieux ! Mais, si Phinuit n'est pas Mme Piper, il n'a pas non plus l'air d'être un Français. Ce qui le prouve encore bien, c'est qu'il est incapable de soutenir une conversation dans notre langue. Il parle anglais avec un accent français de café-concert très prononcé, c'est vrai, mais ce n'est pas là une preuve. Il compte volontiers en français, et quelquefois il dit trois ou quatre mots de suite, plus ou moins correctement. Mais qui oserait soutenir que la subconscience de Mme Piper n'a pas pu les recevoir d'une façon quelconque, d'autant plus qu'à une certaine époque notre médium eut pour ses enfants une institutrice qui parlait couramment le français. Cependant le Dʳ C. W. F. cité plus haut prétend que Phinuit comprit tout ce qu'il lui dit en français, ce que Mme Piper à l'état normal n'aurait pas pu faire. D'autre part, le professeur William James affirme que Phinuit ne comprend pas son français à lui. Qui croire ? Ce qui est certain, c'est que, Français ou non, Phinuit ne parle pas français. Le Dʳ Hodgson lui demanda comment cela se faisait. Phinuit, que rien n'embarrasse, l'expliqua comme suit : « Il avait longtemps exercé la médecine à Metz et, comme il y avait beaucoup d'Anglais dans cette ville, il avait fini par oublier le français. » Ce sont là des enfantillages comme en imaginent volontiers les personnalités secondes. Le Dʳ Hodgson lui fit remarquer l'absurdité de l'explication et ajouta : « Comme vous êtes obligé d'exprimer vos pensées par l'organisme du médium, et comme le médium ne sait pas le français, il serait plus logique à vous de dire qu'il vous serait impossible de donner votre pensée en français par l'intermédiaire de Mme Piper. » Phinuit trouva l'explication magnifique et, quelques jours après, il la servit telle qu'elle à un autre curieux qui l'interrogeait.

Comme le Dʳ Hodgson continuait à le taquiner sur son nom, il a fini par avouer ou par croire qu'il ne s'appelait plus du tout Phinuit.

— « C'est le médium Cocke qui, assistant un jour à une séance, tint absolument à me donner ce nom et soutint que c'était le mien. — Bon, répliquai-je, appelez-moi Phinuit si vous voulez, j'aime autant ce nom-là qu'un autre. Mais, voyez-vous, Hodgson, je m'appelle Scliville, je suis le Dʳ Jean Scliville. Cependant, à bien y penser, j'ai un autre nom entre Jean et Scliville. »

Phinuit y pensa bien et, à une autre séance, il prétendit avoir trouvé. Son nom serait maintenant Jean Alaen Scliville. On voit qu'Alaen a une allure bien française. Bref, ce sont là des inventions misérables, aussi misérables et moins poétiques que le roman martien dû à la subconscience de Mlle Smith.

Au moins Phinuit légitime-t-il mieux le titre de docteur qu'il se donne ? Sur ce point, les avis sont moins partagés. Ses diagnostics sont souvent d'une précision surprenante, même dans les cas où le patient ne connaissait pas lui-même sa maladie. Sur la valeur médicale de Phinuit, dès 1890 le professeur Oliver Lodge s'exprime comme il suit. L'opinion d'un savant comme le professeur Lodge est d'un grand poids, bien qu'il soit physicien et non médecin.

« Qu'on admette ou non que le *Dʳ Phinuit* n'est autre chose qu'une personnalité seconde de Mme Piper, on ne peut s'empêcher d'être frappé par l'étrange exactitude de ses diagnostics médicaux. Ces diagnostics, bien que faits sans examen préalable et même souvent sans avoir vu le patient, sont aussi exacts que ceux des médecins en chair et en os, et ils forment une présomption de plus en faveur de l'existence chez Mme Piper de pouvoirs supranormaux. Cependant je ne prétends pas dire que les diagnostics du Dr Phinuit soient infaillibles. J'ai même connaissance d'un cas où il commit une erreur évidente. »

Le Dr C. W. F., dont nous avons parlé plus haut, prie Phinuit de lui décrire son état physique, et Phinuit le lui décrit parfaitement. Mais ici évidemment, vu que C. W. F. était médecin et qu'il devait se connaître lui-même, nous pouvons avoir affaire à une transmission de pensée. Intrigué, le Dr C. W. F. demande à Phinuit combien il lui reste d'années à vivre. Phinuit lui répond en comptant sur ses doigts en français jusqu'à onze. Ceci se passait en 1889. Si la prophétie s'est réalisée, le Dr C. W. F. doit, à l'heure qu'il est, être allé rejoindre son collègue dans l'autre monde. Il serait intéressant de le savoir.

En général, les autres médecins qui ont eu des séances avec Mme Piper n'incriminent pas autant les diagnostics du Dr Phinuit que ses ordonnances médicales. Ils reprochent à ces ordonnances de relever plutôt de l'herboriste que du pharmacien. Ce ne serait pas là un reproche bien grave ni bien sérieux. S'il a existé un Dr Phinuit, il a dû pratiquer voilà cinquante ou soixante ans, et il a dû faire ses études au commencement du siècle dernier. La thérapeutique de cette époque-là différait considérablement de celle d'aujourd'hui. C'est pourquoi le Dr C. W. F. se demande si les connaissances médicales du Dr Phinuit vont réellement au delà de ce que Mme Piper aurait pu lire dans un manuel de médecine domestique. En ce qui concerne tout au moins les diagnostics, ces connaissances vont sûrement au delà.

Le Dr C. W. F. rapporte un fait qui ne prouverait pas l'ignorance médicale de Phinuit, mais qui prouverait une fois de plus son ignorance du français, voire même du latin des botanistes. Le Dr F. demanda : « Avez-vous jamais prescrit du chiendent, ou *triticum repens* ? » en se servant du terme latin et du terme français. Phinuit parut très surpris : « Qu'est-ce que c'est que ça, dit-il, comment l'appelez-vous en anglais ? » Il est certain qu'un médecin français et surtout un médecin de la première moitié du siècle dernier doit connaître le chiendent et même le *triticum repens*.

Mme Piper affirma au Dr Hodgson qu'on avait souvent présenté des plantes médicinales à Phinuit en lui demandant le nom, et qu'il ne s'était jamais trompé. Le Dr Hodgson demanda à un de ses amis des échantillons de trois plantes médicinales. M. Hodgson demeurait entièrement ignorant de leur nom et de leurs usages. Phinuit examina longuement ces plantes, et il fut incapable d'en indiquer le nom ou l'emploi. Cet incident ne prouverait pas grand'chose non plus. Rares doivent être les praticiens vivants qu'on ne pourrait pas pincer de la même manière.

Je crois devoir donner deux ou trois diagnostics de Phinuit à titre d'exemples. Je les choisirai parmi ceux qui ont été donnés au Dr Hodgson sur lui-même, puisque les lecteurs le connaissent bien maintenant.

A l'une des premières séances que le Dr Hodgson eut avec Mme Piper, Phinuit porta sur sa constitution physique le jugement suivant : « Vous, vous êtes un vieux garçon bâti pour vivre cent ans. » Et il ajouta que le Dr Hodgson avait à ce moment-là une légère inflammation des membranes nasales, bien qu'il n'y eût aucun signe apparent ayant pu le guider.

A une autre occasion, le Dr Hodgson le questionna au sujet d'une douleur qu'il ne ressentait plus, mais qu'il avait récemment éprouvée. Phinuit se déroba tout d'abord en disant : « Mais je vous ai déjà dit que vous allez très bien ! » Puis il passa sa main sur l'épaule gauche du Dr Hodgson, plaça son doigt sous l'omoplate gauche, à l'endroit exact où la douleur s'était fait sentir, et il dit que cette douleur avait dû être causée par un courant d'air, ce qui devait être exact. Une autre fois, le Dr Hodgson se plaignit d'une autre douleur, sans préciser. Instantanément, Phinuit mit son doigt sur l'endroit douloureux, au-dessous de la poitrine. Il dit d'abord que le mal était causé par une indigestion, puis il se corrigea spontanément et l'attribua à un muscle forcé dans un exercice inusité. M. Hodgson n'avait nullement pensé à cette explication ; mais il était vrai que, deux jours auparavant, avant de se mettre au lit, et après plusieurs semaines d'interruption, il s'était mis à faire des mouvements de flexion du corps en avant et en arrière. La douleur était apparue le lendemain. Phinuit ordonna de faire des applications d'eau froide à l'endroit douloureux et de frictionner avec la main. Il existe naturellement des diagnostics plus compliqués et plus extraordinaires que ceux que je viens de citer.

En terminant cette étude sur Phinuit, je dois revenir sur l'éternelle question : Phinuit est-il une personnalité différente de Mme Piper, ou n'en est-il qu'une personnalité seconde ? Aucun de ceux qui ont étudié cette question de près n'a osé se prononcer catégoriquement. Il n'y a pas une séparation si nettement tranchée entre la personnalité normale et les personnalités secondes étudiées jusqu'aujourd'hui qu'entre Phinuit et Mme Piper. En fait, le médium et son contrôle n'ont ni le même caractère, ni la même tournure d'esprit, ni les mêmes connaissances, ni le même langage. Il n'en est pas de même entre la personnalité normale et les personnalités secondes. Notre personnalité peut se diviser en fragments qui, à première vue, peuvent sembler autant de personnalités différentes. Mais, en réalité, en étudiant ces fragments de près, on trouve entre eux de nombreux points de contact. Quand la suggestion vient se joindre à cette fragmentation, la séparation entre la personnalité normale et les personnalités secondes est encore plus tranchée. Mais on observe alors un automatisme qu'on ne trouve pas chez Phinuit. Celui-ci semble aussi maître de ses facultés mentales et de sa volonté que vous et moi.

Enfin, si l'on considère que beaucoup parmi les autres contrôles de Mme Piper portent un peu plus loin que Phinuit l'amour de la vérité ; qu'ils ont réussi à prouver leur identité aux yeux de leurs proches, qui étaient néanmoins sceptiques pour commencer ; si l'on considère, entre autres, les cas George Pelham et Hyslop, dont nous parlerons au long un peu plus loin, on est presque tenté de faire bénéficier Phinuit de l'honnêteté de ses collègues et de lui concéder qu'il est bien réellement une conscience différente de celle de Mme Piper.

CHAPITRE VII

La lettre d'Hannah Wild. — Premier texte donné par Phinuit. — Une séance de Mme Blodgett. — Nous ne trouvons dans ce cas que de la lecture de pensée.

Il est un cas dont je désire parler avec quelques détails dans ce chapitre, pour trois raisons : 1° Si l'expérience avait réussi, la bonne foi des expérimentateurs étant parfaitement établie, nous aurions là certainement un commencement de preuve en faveur de la survie. Si l'on veut aboutir, il faudra bien que l'on essaie d'organiser des expériences de ce genre. Quand même il n'y en aurait qu'une sur dix qui réussirait, on aurait là une méthode, et avec le temps on arriverait sûrement à la découverte de la vérité. 2° Cet exemple montrera encore une fois au lecteur le caractère de Phinuit, qui ne recule devant aucune invention, au risque de se faire prendre en flagrant délit d'imposture, plutôt que d'avouer son ignorance ou son incapacité. 3° Le lecteur aura là des exemples des assertions fausses qu'on trouve dans toutes les mauvaises séances.

Certainement cette malhonnêteté de Phinuit complique singulièrement le problème. Mais je tiens à le présenter, ce problème, tel qu'il est actuellement, avec ses points obscurs et ses points lumineux. Il faut que la science cherche à nous expliquer les uns et les autres.

Mlle Hannah Wild mourut le 28 juillet 1886. Elle appartenait à la secte anabaptiste et elle y resta fidèle jusqu'à ses derniers moments. A peu près un an avant sa mort, un journal spirite de Boston publia un message qu'on prétendait émaner de sa mère morte. Mlle Hannah Wild en fut très frappée.

Sa sœur lui conseilla de tenter l'expérience suivante. Hannah écrirait une lettre dont elle seule connaîtrait le contenu ; et une fois morte, si des circonstances plus fortes que sa volonté ne s'y opposaient pas, elle reviendrait, par l'intermédiaire d'un médium quelconque, dire à sa sœur le contenu de la lettre. Cette lettre ne serait ouverte qu'au jour où arriverait un message portant toutes les marques désirables de vraisemblance.

Ainsi fut fait. Mlle Hannah Wild écrivit la lettre, la scella et l'enferma dans une boîte en fer blanc. Il était convenu qu'aucune main mortelle n'y toucherait. En la remettant à sa sœur, elle lui dit : « Si je puis revenir, ce sera comme si on sonnait la grande cloche du beffroi! »

« Je n'ai jamais touché cette lettre de mes mains, ajoute Mme Blodgett, sœur d'Hannah Wild. Depuis mon mariage, elle est restée dans le coffre-fort de mon mari. Pour l'envoyer au professeur James, je la pris avec des ciseaux. »

En effet, Mme Blodgett ayant, dans la deuxième moitié de 1886, trouvé le nom du professeur William James dans un journal s'occupant de recherches psychiques, lui écrivit en lui relatant les circonstances ci-dessus. C'est ainsi que le professeur James essaya d'obtenir la lecture de la lettre par l'intermédiaire de Mme Piper. Il envoya à celle-ci, non la lettre, cela se comprend, mais un gant que Mlle Hannah Wild avait porté le jour où elle écrivit la lettre, et la doublure de son chapeau. Ce fut le beau-père de Mme Piper, M. J.-W. Piper, qui agit en qualité de consultant. Phinuit prit son temps, et il chercha pendant plusieurs séances le contenu de la lettre. Le résultat de ces réflexions fut une longue élucubration mélodramatique, qui fait songer involontairement à certaines productions subliminales de Mlle Smith. J'en donnerai deux paragraphes. Les observations entre parenthèses qui suivent chaque paragraphe sont de Mme Blodgett ; à leur lumière le lecteur appréciera. Cependant il n'est peut-être pas inutile de remarquer que Phinuit trouva exactement le nom de Mlle Hannah

Wild, qui lui avait été soigneusement caché.

« Ma chère sœur, au fond de ma malle, qui est dans la mansarde avec mes vêtements, j'ai mis une petite somme d'argent avec quelques bijoux qui me furent donnés, comme tu le sais, par notre mère ; c'est notre grand-père, décédé aujourd'hui, qui lui en avait fait cadeau. Ma Bessie, je te les donne. C'est tout ce que je possède. Je voudrais pouvoir te léguer davantage. J'ai éprouvé un vif chagrin de ne pouvoir faire un don à la Société. Mais, comme tu le sais, ma sœur, je ne le pouvais pas. S'il n'y a pas d'obstacle insurmontable, après ma mort, mon esprit sera avec mes frères en croyance. (Ma sœur ne laissa pas de malle, elle ne vécut jamais dans une maison ayant une mansarde. Notre mère ne lui donna pas de bijoux ; le père de notre mère mourut en 1835. Notre mère mourut en 1880 et me donna à moi-même tous ses bijoux. C'est moi qui avait précédemment offert ces bijoux à notre mère. Ma sœur laissa de l'argent et aurait pu faire un don à la Société, si cela lui avait convenu.)

« Je désire que tu donnes à notre belle-sœur Ellen, la femme de John, le tapis de table que je fis moi-même, il y a un an. Le fait que je dispose de cet objet après ma mort sera une preuve que les esprits peuvent revenir. Ma bien chère sœur, si tu te remaries (1), comme je le crois, prends

(1) A cette époque, Mme Blodgett était veuve de John

l'argent dont je t'ai parlé pour t'acheter un trousseau. (Ma sœur ne fit jamais de tapis de table. C'est moi qui en fis un et le lui donnai. Notre frère John mourut à l'âge de cinq ans (1). Il n'y a personne du nom d'Ellen dans notre parenté. Hannah croyait en effet que je me remarierais ; mais elle savait que je ne manquais pas d'argent pour m'acheter un trousseau.)

« Ne porte pas le deuil pour moi, car, s'il est vrai que les esprits peuvent revenir, je veux te voir en toilette claire et non en noir. Non, pas de deuil pour moi, ma chère sœur Bessie. Tâche d'être heureuse dans ton nouveau ménage; et, quand vous penserez à moi, songez que sœur Hannah n'est pas morte, qu'elle a seulement quitté son corps. Je vous ferai une belle description de notre vie dans l'Au-delà, et je vous donnerai des nouvelles de notre mère si je la rencontre. » (Ma sœur Hannah s'habillait toujours de noir, et elle ne cessait de me répéter qu'il serait très mal à moi de quitter le deuil, parce que mon enfant me disait toujours : « Maman, si je meurs, tu porteras toujours mon deuil. » Je l'ai porté pendant vingt ans.)

Et ainsi de suite.

L'élucubration de Phinuit avait au moins six

Rothmall Barr. Elle épousa le Dr Blodgett en secondes noces après la mort de sa sœur Hannah.

(1) Il y aurait là néanmoins de la part de Phinuit des approximations dignes d'être remarquées.

bonnes pages manuscrites. Sauf le nom d'Hannah Wild, tout était inexact. Et, cependant, J.-W. Piper affirme que, pendant toutes les séances, il eut la sensation de s'entretenir avec l'esprit de Mlle Hannah Wild. On demanda à Phinuit un signalement de la communiquante : tous les détails en sont faux. Après cela est-il nécessaire de dire que la lettre écrite par Mlle Hannah Wild avant sa mort et ouverte par le professeur William James, au reçu de la composition ci-dessus, différait totalement de cette composition.

Jusqu'ici le cas Blodgett-Hannah Wild est en somme banal. Phinuit a menti quand il a prétendu être en communication directe avec l'esprit d'Hannah Wild; car, pas plus ici qu'ailleurs, il n'y a lieu d'envisager une fraude consciente de la part de Mme Piper. Mais voici où ce cas devient intéressant et où il pourrait peut-être jeter quelque lumière sur la manière dont Phinuit se procure ses informations et sur la nature de Phinuit lui-même. A ne juger que d'après ce cas, il semblerait presque évident que Phinuit n'est qu'une personnalité seconde de Mme Piper, ayant l'extraordinaire pouvoir de lire dans l'esprit des gens, sans que la distance soit un obstacle. Mais disons tout de suite que nombre d'autres cas rendent au problème toute sa complexité. Ce qu'il faudra conclure de ce qui suit c'est que, si par hasard Phinuit est ce qu'il prétend être, il ne tire pas ses renseignements uniquement d'esprits désincarnés, qu'il percevrait objectivement ; il lit aussi dans l'esprit des vivants et, avec les renseignements qu'il y trouve, il crée des personnages ayant une apparence de vie et une incontestable ressemblance avec des humains décédés.

Le 29 mai 1888, Mme Blodgett eut personnellement une séance avec Mme Piper. Le rendez-vous fut fixé par l'intermédiaire du Dr Hodgson qui prit soin, comme d'habitude, de ne pas nommer la future consultante et de ne donner aucun détail pouvant mettre sur la voie de son identité. Cette séance est remarquable à mes yeux. Mme Blodgett, avec un grand bon sens, la résume à peu près ainsi : « Tous les détails qui étaient ou avaient été dans mon esprit, Phinuit me les a donnés exactement. Sur tous les points que j'ignorais, il a donné des réponses fausses ou n'a rien répondu. » Pendant toute la durée de la séance, Phinuit prétendit répéter mot pour mot les paroles de Mlle Hannah Wild présente. Je citerai les incidents les plus typiques. Les observations entre parenthèses sont de Mme Blodgett.

HANNAH WILD (1). — Bessie, Bessie Blodgett, ma sœur, que je suis heureuse de te voir ! Je

---

(1) C'est Phinuit qui parle ; mais, comme il est censé répéter mot à mot les paroles de Mlle Hannah Wild, il est plus commode d'imaginer que c'est elle qui parle directement.

suis Hannah, Hannah Wild, ta sœur. Comment va notre père, et tous les autres ? Oh ! je suis si heureuse de te voir ! (Pendant tout ce temps, Mme Piper continua à me tapoter avec sa main, d'un geste tout à fait familier à ma sœur. Quand celle-ci mourut, je m'appelai non Blodgett, mais Bessie Barr.)

Hannah Wild. — Je t'ai vue dans cette réunion. Je t'ai transmis un message. (Quatre semaines après la mort de ma sœur, John Slater, un médium, me dit, en me désignant au milieu d'un vaste auditoire : « Il y a ici une dame qui tient à ce que vous connaissiez sa présence : Elle dit qu'elle ne tardera pas à vous révéler ce qui se trouve dans le papier ».)

Hannah Wild. — Comment va la Société, Lucy Stone et toutes les autres ? (Lucy Stone est l'éditrice du *Woman's Journal* ; elle écrivit un article sur ma sœur à l'occasion de sa mort.)

Hannah Wild. — Il y a une photographie de moi dans ce sac.

Mme Blodgett avait apporté un sac contenant divers objets ayant appartenu à sa sœur. Mme Piper essaya de l'ouvrir, mais ne put pas. Il paraît que Mlle Hannah Wild, de son vivant, ouvrait ce même sac avec difficulté. Mme Blodgett l'ouvrit. La soi-disant Hannah Wild en sortit les objets pêle-mêle en disant : « Il y a ici une photographie de moi. Elle la trouva en effet. Or, de tous les objets qui se trouvaient dans le sac, cette photographie était le seul dont Mme Blodgett ignorait la présence ; elle avait glissé le testament de sa sœur dans une enveloppe où la photographie devait se trouver déjà ; mais elle n'en avait pas remarqué consciemment la présence. Sa subconscience avait probablement été plus perspicace, et c'est là sans doute que Phinuit avait puisé le détail ; à moins qu'il n'ait aussi le pouvoir de distinguer certains objets à travers les corps opaques.

Hannah Wild. (Elle prend son testament qu'elle avait fait tomber de l'enveloppe où se trouvait la photographie.) — Ceci est pour toi. Je l'écrivis et je te le donnai. Cela contenait mes sentiments à l'époque. Tu n'avais pas les mêmes opinions que moi, et j'en étais par moments bien triste. Mais tu m'as bien soignée. J'ai toujours senti un je ne sais quoi qui nous empêcherait de nous désunir. Fais exactement ce que je t'ai dit. Te souviens-tu de ma robe ? Où est mon peigne ? Te souviens-tu de ce que je t'ai dit au sujet de l'argent ? Je t'ai dit de vive voix ce que je voulais qu'on en fît, et je ne l'ai pas écrit dans mon testament. Je te l'ai dit sur mon lit de mort. (Tout cela est exact, excepté que je ne sais rien au sujet d'un peigne. Le testament disposait de ses livres, de ses robes, de tous ses effets personnels, excepté de son argent.)

Hannah Wild. — Comment va Alice ?

Mme Blodgett. — Quelle Alice ?

HANNAH WILD. — La petite fille qui s'appelle Alice en souvenir de... (Notre sœur Alice, vivante, a une enfant du nom d'Alice Olivia, et Hannah l'appelait toujours Alice : c'était le nom de notre mère. Les autres l'appelaient Ollie, abréviation d'Olivia. Hannah n'aimait pas cela et faisait tout ce qu'elle pouvait pour qu'on l'appelât Alice.)

HANNAH WILD. — Notre mère est ici. Où est le docteur ? Où est notre frère ? (Mon mari est médecin : Hannah le connaissait. Nous avons un frère vivant du nom de Joseph, qui voyage la plupart du temps.) Hannah Wild prend dans sa main une chaîne en or, qui était enveloppée dans de la soie. Mme Blodgett dit : « Hannah, dis-moi ce que c'est et à qui cela a appartenu. »

HANNAH WILD. (*En touchant le gland du bout de la chaîne.*) — C'est la chaîne, de notre mère, d'Alice Wild, notre mère. (C'était une longue chaîne en or de notre mère, qui, à la mort de celle-ci, avait été coupée en deux. Hannah en avait porté une moitié ; l'autre moitié, qui est celle que j'apportai à la séance, n'avait pas été portée depuis la mort de notre mère. Cette seconde moitié avait, à l'extrémité, un gland différent de celui qu'avait l'autre moitié portée par Hannah.)

HANNAH WILD. — Comment va Sarah ?

MME BLODGETT. — Sarah Grover ?

HANNAH WILD. — Non, Sarah Obb... Hodg... (1).

---

(1) Phinuit semble ne pas saisir le nom Hodgson : il entend

La main du médium désigne M. Hodgson, et la voix dit: « Cela doit être pour vous. » Puis Hannah Wild dit enfin :

... Non, Sarah Hodgson. (Ma sœur avait une amie de ce nom à Waterbury, Connecticut. J'avais pensé à elle la veille, parce que je savais qu'elle devait revenir de Londres.)

Hannah Wild. — Où est mon grand foulard de soie ?

Mme Blodgett. — Je l'ai donné à Clara, comme tu me l'avais dit.

Hannah Wild. — Où est mon dé ?

Mme Blodgett. — Je ne sais pas.

Hannah Wild. — Je t'ai vue le mettre dans ce sac. (Le foulard était un grand foulard de soie qui venait d'Angleterre et avait été donné à ma sœur par une dame qui vécut avec nous pendant des années. Je ne me souvenais pas d'avoir mis le dé dans le sac ; mais, à mon retour à l'hôtel, je le trouvai sur le lit, avec les autres objets que j'avais retirés du sac avant de partir pour la séance.)

Mme Blodgett. — Peux-tu me dire, sœur, combien nous avons de frères dans le monde des esprits ?

Hannah Wild. — Un... deux... trois. (Je posai cette question à ma sœur parce que mon frère William était mort seulement cette même

---

Obb, puis la première syllabe de *Hodgson*. C'est ce qui explique la remarque qu'on va voir.

année 1888, le 27 mars. Le nombre trois est exact.)

Mme Blodgett. — Peux-tu me dire où se trouve la lettre que tu écrivis avant de mourir?

Hannah Wild. — A la maison, dans une boîte en fer blanc.

Mme Blodgett. — Peux-tu m'en dire davantage au sujet de cette lettre?

Hannah Wild. — Je t'ai dit à ce sujet : « Si je reviens, ce sera comme si on sonnait les cloches de l'église. » (La lettre était dans le sac, à la séance, enveloppée dans du caoutchouc ; en mettant cette lettre dans une boîte en fer blanc, ma sœur Hannah m'avait dit : « Si je puis revenir, ce sera comme si on sonnait la cloche du beffroi. »)

Hannah Wild. — Où est William, et le docteur?

Mme Blodgett. — Hannah, c'est à toi à me dire où est William?

Hannah Wild. — Il est ici. Je l'ai trouvé.

Mme Blodgett. — Depuis combien de temps y est-il?

Hannah Wild. — Depuis des semaines. Tu dois bien le savoir. Il ne te quitte pas. Il désire savoir si tu aimes cette concession?

Mme Blodgett. — Quelle concession?

Hannah Wild. — Tu le sais bien, celle que tu as achetée pour l'enterrer. William est mieux ici que dans votre monde. C'était un être bizarre. Il n'aime pas cette concession. L'aimes-tu?

Mme Blodgett. — Non. (J'avais acheté pour mon frère une concession au cimetière de Woodlawn, New-York. C'était le désir de sa femme qu'il fût enterré là. Nous avions voulu l'emmener chez nous et l'enterrer dans la tombe de notre mère. Notre frère était très orgueilleux, et c'était notre pensée qu'il n'aurait pas trouvé cette concession digne de lui.)

A la fin de la séance, la soi-disant Hannah Wild dit qu'elle devait s'en aller, parce que c'était l'heure de l'office, et qu'elle ne voulait pas le manquer. Mme Blodgett, dans ses remarques, retrouve là un trait de plus du caractère de sa sœur. C'était un jour de fête, et Mlle Hannah Wild, vivante, n'aurait certainement pas manqué l'office ce jour-là. Ce dernier incident est bizarre ; mais on en trouve beaucoup d'analogues dans la littérature spéciale et dans les séances de Mme Piper. Souvent le communiquant ne veut pas admettre qu'il soit mort ou qu'il ait passé dans un autre monde ; si on lui demande ce qu'il fait, il en paraît tout surpris et prétend qu'il continue à se livrer à ses occupations habituelles : si c'est un médecin, il assure qu'il continue à visiter ses malades. Très souvent on demande à Phinuit le signalement des gens dont il parle. Phinuit les dépeint tels qu'ils étaient sur terre, avec leur costume habituel, et il prétend les voir ainsi. A la fin d'une séance, le père du professeur Hyslop s'écrie : « Donnez-moi mon chapeau ! » Or c'était là un ordre que le père du professeur Hyslop donnait souvent de son vivant lorsqu'il se levait péniblement de son fauteuil d'invalide pour aller au-devant d'un visiteur à la grille de sa maison. Ces incidents sont bizarres, je le répète, et embarrassants pour l'hypothèse spirite. On a de la peine à admettre que l'autre monde, s'il existe, ne soit qu'une servile copie de celui-ci : le train-train de la vie doit y être différent, que diable ! Faut-il croire que l'ahurissement causé par la mort soit tel chez certaines personnes que de longtemps elles ne s'aperçoivent pas qu'elles ont changé de milieu ? C'est difficile à admettre. Faut-il penser que ce sont des automatismes de la part du communiquant, rendu à demi inconscient vers la fin de la séance par l'atmosphère lourde pour lui de l'organisme du médium. Mais, quand la communication n'est pas directe, quand c'est un intermédiaire qui se trouve dans l'organisme, que faut-il penser ? Sont-ce là des traits jetés intentionnellement par le communiquant pour mieux prouver son identité ? Oui, ces incidents sont très embarrassants pour l'hypothèse spirite. Au contraire, si on admet que les soi-disant communiquants sont créés de toutes pièces par Mme Piper entrancée à l'aide d'éléments qu'elle puise çà et là dans l'esprit d'individus vivants, ces incidents sont tout naturels : ce qui surprendrait, ce serait de ne pas les rencontrer. Je signale la difficulté en passant : ce n'est pas moi qui la résoudrai.

Quoi qu'il en soit, Mme Blodgett sortit de cette séance avec la conviction qu'elle avait conversé non avec l'esprit de sa sœur, mais avec sa propre conscience extériorisée. Mais, s'il n'y avait pas eu l'incident préalable de la lettre, qui invitait à la défiance, si Mme Blodgett avait été une femme de moins de jugement, elle serait probablement sortie de chez Mme Piper intimement convaincue qu'elle venait de s'entretenir avec sa sœur défunte. Beaucoup de spirites doivent journellement commettre de semblables erreurs. On voit par là quelle circonspection il faut apporter dans ces études.

Mme Blodgett pria le Dr Hodgson d'avoir en son lieu et place d'autres séances afin d'essayer d'obtenir encore le texte de cette fameuse lettre. Dans la séance du 1er août 1888, le Dr Hodgson présenta à Phinuit une mèche de cheveux d'Hannah Wild. Phinuit commença par dire que ce n'étaient pas là des cheveux d'Hannah Wild ; puis il reconnut son erreur, mais il dit qu'une autre personne avait dû les toucher. Il donna ensuite une nouvelle version de la lettre. « Il n'y a pas à dire, cette lettre traite d'un incident ancien de la vie d'Hannah », affirmait-il. Puis il dicte : « J'ai rencontré autrefois une personne que j'ai aimée. Un point noir vint troubler notre affection et changer toute ma vie. Sans cela je me serais mariée et j'aurais été heureuse. C'est pourquoi je me suis adonnée aux œuvres religieuses et j'ai fait tout le bien que j'ai pu. Quiconque lira cette lettre après ma mort saura pourquoi je suis restée Mlle Hannah Wild... »

Le commentaire de ce texte par Mme Blodgett est bien intéressant. « Ce n'est pas là, dit-elle, ce que ma sœur a écrit sur son lit de mort; mais le fait dont il est parlé est parfaitement exact. Ce fut le grand chagrin de la vie de ma sœur. »

Comment Phinuit avait-il pu deviner ce fait en touchant une mèche de cheveux ? Est-ce que nos sentiments, nos joies et nos douleurs laisseraient sur les objets que nous touchons une vibration persistante, que les sensitifs peuvent lire même après un long intervalle ? Des faits nombreux et bien observés nous forceraient presque à le croire. Il semblerait que les vibrations de l'âme s'impriment sur la matière, comme les vibrations sonores s'inscrivent sur le cylindre d'un phonographe. Certains sujets, quand ils sont dans un état anormal, pourraient les retrouver. Après tout, il n'y a rien là qui puisse répugner à la science.

Cet état anormal, qui permet aux sensitifs de retrouver les vibrations anciennes, n'est peut-être qu'un abandon incomplet du corps par l'esprit. Alors on comprendrait très bien que ceux qui, comme Phinuit, ont quitté entièrement leur corps, ceux qui sont dans un autre monde, puissent lire ces vibrations aussi aisément que nous lisons un livre. Mais, s'il en est ainsi, pourquoi Phinuit ne l'avoue-t-il pas? Ce serait déjà assez merveilleux pour son orgueil. Cela ne l'empêcherait pas d'obtenir, le cas échéant, des renseignements directement des désincarnés. Mais il devrait préciser méticuleusement la source de chacun de ces renseignements. Il n'en fait rien et nous met dans la presque impossibilité de croire à son individualité.

A cette même séance, Phinuit prétendit que, s'il avait en sa possession une mèche de cheveux plus longue, il donnerait le texte de la lettre mot pour mot. Mme Blodgett envoya donc une longue mèche de cheveux, qui fut présentée le 3 octobre 1888. Le texte de Phinuit fut aussi inexact que les précédents. Une dernière tentative fut faite en 1889, toujours sans résultat. Mlle Hannah Wild n'est pas revenue de l'autre monde nous dire ce qu'elle avait écrit sur son lit de mort.

Encore un exemple pour finir, montrant que Phinuit est très fort pour lire dans l'esprit des gens, même lorsqu'ils sont éloignés. Le 3 juin 1891, Mme Blodgett adressa une lettre à Phinuit. Le Dr Hodgson la lui lut au début d'une séance, le 15 du même mois. Cette lecture occasionna de la part de Phinuit l'affirmation suivante, qui n'avait rien à voir avec le contenu de la lettre; « Elle a lu un très drôle de livre. La vie de quelqu'un. Elle est allée voir un vieil ami d'Hannah, comme je l'en avais priée. Mme Blodgett a un ami du nom de Severance. » Le 17 juin, Mme Blodgett écrit à M. Hodgson : « Phinuit est certainement un admirable liseur de pensées. Le 13 du mois courant, je fis une causerie sur le dernier livre d'Helen Gardener *Est-ce là votre Fils, Seigneur ?* Le 14, si je ne suis pas allée voir l'ami en question, j'ai du moins pensé à lui, puisque je lui ai écrit une lettre. J'ai un ami du nom de Severance, mais ma sœur Hannah n'en avait jamais entendu parler. »

CHAPITRE VIII

Communications des personnes ayant souffert dans leurs facultés mentales. — Communications inattendues de la part d'inconnus. — Respect dû aux communiquants. — Prédictions. — Communications des enfants.

Le cas Blodgett-Hannah Wild est, je le répète, tout à fait de nature à jeter le discrédit sur l'hypothèse spirite. Si on le considérait seul, ou si on n'en considérait que d'analogues, on se demanderait comment tant d'hommes sérieux, après avoir longtemps hésité, ont fini par se rallier à cette hypothèse. Mais les phénomènes psychiques et les phénomènes médiumniques en particulier sont infiniment variés : ils présentent une multitude d'aspects, et il ne serait pas sage de les considérer isolément.

Dans ce cas Blodgett-Hannah Wild, tout semble fait pour étayer l'hypothèse de la télépathie. Par là il faut entendre, non seulement la lecture de pensée dans la conscience et même la subconscience des assistants, mais encore la lecture de pensée dans l'esprit de personnes absentes, à quelque distance que se trouvent ces personnes. Il faudrait encore y ajouter ce que Phinuit appelle l'« influence ». Cette « influence » mystérieuse pourrait être la trace vibratoire laissée sur les objets par nos pensées et nos sentiments. On voit que cette hypothèse nous plonge dans le mystère pour le moins autant que l'hypothèse spirite elle-même. Néanmoins, si elle était suffisamment appuyée, il faudrait lui donner la préférence, parce qu'elle est malgré tout moins éloignée que sa rivale de nos conceptions actuelles.

Même l'incident du médium qui, désignant Mme Blodgett au milieu d'une nombreuse assistance, lui dit : « Il y a ici une dame qui désire vous parler, elle vous donnera bientôt le contenu du papier, » même cet incident, dis-je, s'explique bien par la télépathie. Mme Blodgett se trouvait en présence d'un médium. Or c'est par l'intermédiaire d'un médium quelconque que le texte mystérieux de la lettre de sa sœur devait lui être révélé. Cela suffisait pour ramener au premier plan de sa conscience, où le médium l'aurait lu télépathiquement, le souvenir de la lettre et de la promesse de sa sœur.

Mais, encore une fois, il y a une infinité d'autres cas que l'hypothèse de la télépathie n'explique pas ou explique insuffisamment. Je vais tâcher de le montrer, en reproduisant quelques-uns des arguments que donne le Dr Hodgson dans son remarquable rapport de 1898 et dans le chapitre intitulé *Indices du bien-fondé de l'hypothèse spirite.*

Le plus important de ces arguments se fonde sur les communications des personnes dont la mentalité avait été troublée par la maladie plus ou moins longtemps avant leur mort. Cet argument a été inspiré au Dr Hodgson par une longue suite d'observations concordantes. Voici en quoi il consiste : Si nous avions affaire à de la télépathie, les communications devraient être d'autant plus nettes et d'autant plus abondantes que les souvenirs du mort sont plus nets et plus abondants dans l'esprit des vivants. Or l'expérience démontre qu'il n'en est pas ainsi. Quand le soi-disant communiquant a eu avant sa mort l'esprit troublé par une maladie mentale, les communications qui ont lieu peu de temps après sa mort rappellent ce trouble trait pour trait : elles sont pleines de confusion et d'incohérence. Cette confusion et cette incohérence sont d'autant plus grandes au début que le trouble mental qui a précédé la mort était plus grave. Elles disparaissent lentement ; mais il en reste quelquefois des traces après des années. Encore une fois, la télépathie n'explique pas cela. S'il y avait de la folie dans l'esprit du mort, il n'y en avait pas dans l'esprit des vivants qui ont gardé son souvenir. Au contraire, si l'on introduit l'hypothèse spirite, il n'y a rien là que de très admissible, soit que le trouble mental ne disparaisse que lentement, soit que (et c'est là ce que les contrôles affirment) le fait seul pour l'esprit désincarné de se plonger dans l'atmosphère d'un organisme humain reproduise momentanément ce trouble.

Au reste, il y a toujours plus ou moins d'incohérence dans les communications qui sont faites très peu de temps après la mort, même lorsque le communiquant a gardé jusqu'à ses derniers moments la plénitude de ses facultés mentales. Mais, si le communiquant était bien réellement ce qu'il prétend être, il faudrait s'y attendre pour trois raisons : la violente secousse de la désincarnation doit troubler l'esprit ; l'arrivée dans un milieu entièrement nouveau où, au début, il doit distinguer fort peu de chose doit le troubler encore ; enfin ces premières tentatives de communications peuvent être gênées par son inhabileté à se servir d'un organisme étranger : il lui faudrait faire une sorte d'apprentissage.

Mais, quand aucun trouble mental n'a précédé la mort, l'incohérence des premières communications ne dure pas. Bientôt elles deviennent aussi nettes que le permet l'imperfection des moyens dont le mort doit se servir pour se manifester. Dans le cas George Pelham, que nous étudierons plus loin, les premières communications furent, elles aussi, un peu incohérentes. Cependant bientôt George Pelham devait devenir l'un des plus clairs et des plus lucides, sinon le plus clair et le plus lucide, de tous les morts qui ont prétendu se manifester à nous par l'intermédiaire de l'organisme de Mme Piper. Mais George Pelham était mort d'un accident, presque subitement, et ses facultés intellectuelles qui, du reste, étaient au-dessus de l'ordinaire, n'avaient jamais été atteintes.

Voilà, je le répète, ce que l'expérience semble démontrer. Sans doute, il faudra beaucoup d'observations encore pour affirmer qu'elle le démontre réellement.

Mais, si le Dr Hodgson et ses collègues ont bien vu, ces faits contredisent ce qu'on serait en droit d'attendre de la télépathie. Je vais citer quelques exemples.

Le Dr Hodgson essaya d'obtenir des communications d'un de ses amis intimes, qu'il désigne par l'initiale A., plus d'un an après la mort de celui-ci. Il y consacra six séances entières; mais les résultats furent maigres. Il obtint quelques noms, la mention pénible de quelques incidents de la vie de A. Quelques-uns de ces incidents étaient même à ce moment-là inconnus du Dr Hodgson; mais le tout était rempli de confusion et d'incohérence. A la fin, celui-ci renonça à ses tentatives, sur l'avis de l'intermédiaire George Pelham, qui affirma que l'esprit de A. ne serait pas lucide avant quelque temps encore. Ce A., pendant des années avant sa mort, avait souffert de violents maux de tête et d'épuisement nerveux, sans que ces troubles fussent allés jusqu'à la folie. Or, juste à l'époque où A. était incapable de se manifester clairement, d'autres communiquants se manifestaient avec toute la lucidité désirable, au milieu de circonstances identiques.

Un autre cas, cité par le Dr Hodgson, est celui d'un monsieur B. qui s'était suicidé dans un accès de folie. Sans avoir été l'ami intime du consultant, celui-ci le connaissait bien. Néanmoins les communications de M. B. furent extrêmement confuses, même au sujet d'incidents très nettement présents à l'esprit du Dr Hodgson.

Un troisième communiquant, un ami intime du Dr Hodgson, s'était lui aussi suicidé. Environ un an après sa mort, il semblait encore ignorer des incidents qu'il avait pourtant bien connus de son vivant, incidents qui étaient très nets dans l'esprit du consultant. Plus de sept ans après sa mort, il écrivit par la main du médium: « Ma tête n'était pas lucide, et elle ne l'est pas encore quand je vous parle. »

Le 7 décembre 1893, M. Paul Bourget, de l'Académie française, et Mme Bourget eurent une séance avec Mme Piper. M. Paul Bourget était très désireux de communiquer avec une artiste qui s'était suicidée à Venise en se précipitant d'une gondole. Aucun rapport écrit n'a été conservé de cette première séance : nous ne savons donc pas au juste ce qu'elle valut. Mais, le 11 décembre 1893, M. Paul Bourget eut une nouvelle séance et, cette fois-ci, il était accompagné du Dr Hodgson qui prit des notes. L'artiste sembla faire des efforts désespérés pour communiquer et pour écrire elle-même ; mais elle ne put produire autre chose que deux ou trois mots français, pami lesquels semblait se trouver l'exclamation : Mon Dieu ! Néanmoins, le prénom de la communiquante fut donné, ainsi que l'endroit où elle s'était tuée, Venise (1), et les syllabes *Bou* et *Bour*, première syllabe du nom de *Bourget*, furent répétées à maintes reprises. Pourquoi d'aussi pauvres résultats ? M. et Mme Bourget connaissaient très bien cette personne ; leur âme était pleine de souvenirs où le médium n'avait qu'à puiser.

Cependant certaines personnes pourraient peut-être raisonner comme suit : On présente presque toujours à Mme Piper des objets ayant servi à la personne dont on désire obtenir des communi-

---

(1) Dans un article paru le jour même où j'écris ces lignes dans le journal *Le Matin*, M. Paul Bourget, interviewé par M. Jules Bois, dit que Mme Piper ne donna ni le prénom ni le nom de la ville. Il est ici en contradiction formelle avec le Dr Hodgson qui, lui, prit des notes pendant la séance même. Le prénom *Matilde* fut donné sous la forme anglaise *Tillie*. Quant au nom de *Venise*, il fut donné par le médium comme elle sortait de la trance, comme cela arrive souvent quand, pendant la séance, elle a fait de grands efforts pour donner un nom, sans pouvoir y réussir.

cations. Si le médium tire ses renseignements non seulement de l'esprit des vivants mais encore de l' « influence », c'est-à-dire des vibrations que nos pensées ou nos sentiments ont pu laisser sur les objets, on pourrait expliquer cette insuffisance première des communications de la part des personnes dont l'esprit fut troublé, en admettant que l' « influence » laissée par un fou n'est ni aussi nette ni aussi facile à lire que celle laissée par un homme sain. Mais alors pourquoi les communiquants deviendraient-ils lucides avec le temps ? Pourquoi deviendraient-ils lucides au moment où, si l'hypothèse de la télépathie était vraie, ils devraient devenir de plus en plus confus ?

Mais, enfin, cette interprétation tombe entièrement quand on fait entrer en ligne de compte les nombreux communiquants totalement inconnus ou à peu près inconnus des consultants et auxquels absolument personne ne songeait, qui sont venus au milieu d'une séance donner un message pour leurs parents encore vivants. Ce n'est pas grâce à l'« influence » laissée sur des objets que Mme Piper a pu forger ces communications-là, à moins qu'on ne suppose que le voisinage de ces objets n'est pas nécessaire, et qu'une « influence » quelconque puisse venir frapper le médium au moment où l'on s'y attend le moins et de n'importe quel point de l'horizon. Ce serait peut-être là étendre l'hypothèse au delà des limites permises.

Ces cas, dis-je, sont nombreux, et ils sont bien intéressants. J'en citerai trois pour l'édification de mes lecteurs.

Pendant la 46ᵉ des séances qui eurent lieu en Angleterre avec les professeurs Oliver Lodge et Alfred Lodge comme consultants, Phinuit s'écria tout à coup : « Ah ! mon Dieu ! voilà quelque chose de très ennuyeux ! Voilà deux petites filles du nom de Stevenson : l'une a pour prénom Mannie (1), elle veut absolument envoyer l'expression de son affection à son père et à sa mère qui sont dans le corps. Elle a eu mal à la gorge, et elle est venue ici. Son père est resté absolument anéanti de chagrin. Elle s'accroche à moi et me supplie de vous dire qu'elle est la petite Mannie Stevenson, que son père est à demi mort de douleur, qu'il pleure, pleure à faire pitié. Dites-lui qu'elle n'est pas morte, qu'elle lui envoie l'expression de son amour, dites-lui de ne pas pleurer ainsi.

Prof. Lodge. — Ne pourrait-elle nous donner son nom mieux que cela ?

Phinuit. — On l'appelait mignonne et, pendant sa maladie, on l'appelait « Birdie » (2). Elle vous prie de ne pas oublier sa mère non plus.

(1) Phinuit doit se tromper : ce nom doit être *Minnie*.
(2) Nom de tendresse anglais qui signifie littéralement *oiselet*.

P.rof. Lodge. — Je transmettrai le message s
je le puis. »

Le professeur Lodge ne put pas découvrir cette famille Stevenson ; et c'est fort regrettable pour deux raisons : d'abord ce message d'outre-tombe aurait peut-être rendu un peu de calme et d'espérance à des parents désolés ; ensuite les contradicteurs ne pourraient pas attribuer l'incident à une suprême habileté du médium, ce qu'ils ne manqueraient pas de faire si d'autres incidents du même genre ne rendaient cette interprétation à peu près inadmissible.

A la 45ᵉ des séances qui eurent lieu en Angleterre, où les consultants étaient les professeurs Oliver et Alfred Lodge, M. et Mme Thompson, Phinuit dit à l'improviste :

« Connaissez-vous Richard Rich, M. Rich ?

Mme Thompson. — Pas très bien. J'ai connu vaguement un Dʳ Rich.

Phinuit. — C'est lui-même. Il a quitté son corps. Il envoie l'expression de son affection la plus tendre à son père. »

Et aussitôt Phinuit parla d'autre chose.

A la séance n° 83, où les mêmes M. et Mme Thompson étaient parmi les consultants, Phinuit dit à un moment donné :

« Voilà le Dʳ Rich. »

Puis, aussitôt, le Dʳ Rich prend lui-même la parole. Phinuit semble lui avoir cédé sa place dans l'organisme.

Le Dʳ Rich. — C'est vraiment aimable de la part de ce monsieur (1) de me permettre de vous parler. M. Thompson, je voudrais vous demander de transmettre un message à mon père.

M. Thompson. — Je le transmettrai.

Le Dʳ Rich. — Merci mille fois. C'est très aimable à vous. C'est que j'ai quitté mon corps un peu soudainement. Mon père en a été très affecté, et il en est encore maintenant très affecté ; il ne peut surmonter son chagrin. Dites-lui que je suis vivant et exprimez-lui toute mon affection. Où sont mes lunettes ? (Le médium se passe la main sur les yeux.) Je portais des lunettes (2). Mon père doit les avoir, ainsi que quelques-uns de mes livres. J'avais aussi une petite boîte noire : il doit l'avoir aussi ; je tiens essentiellement à ce qu'elle ne se perde pas. Mon père est quelquefois incommodé par un peu de vertige : c'est du nervosisme, ce n'est rien de grave.

M. Thompson. — Que fait-il, votre père ?

Le Dʳ Rich. (Il prend une carte, fait le geste d'écrire dessus et ensuite d'y coller un timbre.) — Il s'occupe de ces sortes de choses. M. Thomp-

---

(1) De la part de Phinuit.
(2) Cette observation et d'autres font croire que le communiquant se croit momentanément revenu, non dans un organisme étranger, mais dans son propre organisme. Cela serait dû à la demi-somnolence qui s'empare de lui quand il est dans la « lumière » du médium. Informations prises, le Dʳ Rich portait bien des lunettes.

son, si vous voulez lui délivrer mon message, je vous aiderai de mille manières : je le puis et je le ferai. »

Voici les remarques du professeur Oliver Lodge sur cet incident : « M. Rich père est le Receveur général des postes à Liverpool. Son fils, le Dʳ Rich, était presque un inconnu pour M. Thompson et tout à fait un inconnu pour moi. Le père avait été en effet très affecté de la mort de son fils. M. Thompson alla le voir et lui délivra le message. M. Rich trouva l'incident extraordinaire et inexplicable autrement que par une fraude d'une nature quelconque. L'expression : *Merci mille fois* était tout à fait habituelle au Dʳ Rich. M. Rich père avait bien eu depuis quelque temps de légers vertiges. Il ne sait pas ce que son fils veut dire par *la boîte noire*. La seule personne qui pourrait nous renseigner là-dessus se trouve en ce moment en Allemagne. Mais sur son lit de mort le Dʳ Rich parlait sans cesse d'une boîte noire. »

Sans doute M. et Mme Thompson connaissaient le Dʳ Rich pour l'avoir rencontré une fois. Mais ils ignoraient totalement les détails qu'il leur donne ici. Où le médium les a-t-il pris ? Ce n'est pas une « influence » laissée sur un objet qui les lui a révélés, puisqu'il n'y avait à la séance aucun objet ayant servi au Dʳ Rich.

A une séance tenue le 28 novembre 1892 chez M. Howard, dans laquelle les consultants étaient

M. et Mme Howard, leur fille Catherine et le D' Hodgson, Phinuit demande tout à coup : « Qui est Farnan ?

M. HOWARD. — Vernon (1) ?

PHINUIT. — Je ne sais pas comment vous prononcez ça. C'est F-a-r-n-s-w-o-r-t-h. (Phinuit épelle les lettres.)

LE D' HODGSON. — Eh bien, quoi?

PHINUIT. — Il veut vous voir.

LE D' HODGSON. — Il veut *me* voir?

PHINUIT. — Non, pas vous, mais madame.

Mme HOWARD. — Que me veut-il? Est-ce un homme ou une femme ?

PHINUIT. — C'est un homme. Vous souvenez vous de votre tante Ellen ?

Mme HOWARD. — Oui, laquelle ?

PHINUIT. — Cet homme a été à son service. »

Puis, un peu plus loin, Phinuit ajoute : « Cet homme a absolument tenu à vous envoyer ses amitiés, pour que vous sachiez qu'il est ici et pour que vous ayez une preuve de plus de la survie. Ces légers incidents me troublent grandement parfois. Quand je cherche à vous l'expliquer, vous ne comprenez pas. Je suis en train de vous rapporter quelque chose, quelqu'un qui ne se rend pas compte de ce qu'il fait m'interrompt; j'essaye alors de vous dire de mon mieux ce qu'il

---

(1) Ces deux mots *Farnan* et *Vernon*, qui paraissent si différents en français se prononcent en anglais presque de la même manière. Le dernier est un nom très répandu.

veut, mais il ne m'est pas toujours facile de le faire à propos.

Mme Howard s'informa auprès de sa tante Ellen si elle avait connu un certain Farnworth, sans lui en dire davantage. Phinuit avait raison : il y avait un jardinier de ce nom qui avait travaillé pour sa tante, puis pour son grand-père trente-cinq ou quarante ans auparavant environ; Mme Howard avant cet incident n'avait jamais entendu parler de cet homme.

Des incidents pareils à ceux que je viens de raconter sont difficilement explicables, on le voit, par la théorie de la télépathie. Mais voici un trait de la physionomie des séances dont la télépathie est tout aussi incapable de rendre compte. Si le consultant se refuse obstinément à prendre les communiquants pour ce qu'ils prétendent être, s'il les tourne en dérision, la communication ne tarde pas à prendre fin. Les communiquants agissent comme des personnes vivantes : ils s'offensent et se retirent. Phinuit, lui, ne s'offense pas; mais il rend au consultant quolibet pour quolibet. Si les communiquants n'étaient autre chose que des productions éphémères de la télépathie, comment pourrait-on raisonnablement supposer ces créations sans conscience sensibles à l'outrage ?

Mais il y a mieux. Si l'on veut obtenir des communications claires, il ne faut pas étourdir les communiquants de questions. Ceux-ci, pour se manifester à nous, se placent dans un milieu très incommode pour eux, qui les trouble étrangement ; ils ressemblent à un homme venant de recevoir un coup sur la tête et qui délire à moitié ; il faut les traiter comme on traiterait cet homme à demi assommé : il faut les calmer, les encourager, leur assurer que leurs idées reviendront bientôt. C'est ainsi qu'on obtient les meilleurs résultats. Si l'on avait affaire à de la télépathie, il semblerait, au contraire, que les questions devraient éveiller les idées et activer le procédé.

Enfin, un moyen assuré d'écarter tout à fait l'hypothèse de la télépathie serait d'avoir un certain nombre de prévisions de l'avenir. Le médium ne pourrait pas lire dans l'esprit des vivants ni sur les objets, grâce à l' « influence », des événements qui ne sont pas encore arrivés. Phinuit s'est souvent essayé aux prédictions ; je vais en citer une qui s'est réalisée.

A la deuxième séance de M. Paul Bourget, apparut parmi les communiquants une Mme Pitman, qui, ayant vécu longtemps en France, parlait bien le français et s'offrit à aider, dans ses tentatives de communication, l'artiste avec laquelle M. Paul Bourget aurait désiré s'entretenir.

En 1888, Mme Pitman, qui était membre de la Société américaine pour les Recherches psychiques, avait eu deux séances avec Mme Piper.

Phinuit lui dit entre autres : « Vous allez être bien malade; vous irez à Paris ; vous serez tout à fait malade; vous aurez une grande faiblesse dans l'estomac; de la faiblesse dans la tête. Un monsieur d'un blond pâle vous soignera pendant que vous serez malade outre-mer. »

A la suite de cette déclaration, Mme Pitman demanda à Phinuit quelle serait l'issue de la maladie. Phinuit chercha à se dérober par des réponses évasives. Sur la prière de Mme Pitman, le Dr Hodgson insista à son tour, et Phinuit alors s'en tira en disant : « Une fois qu'elle ne sera plus malade, tout ira parfaitement pour elle. »

Mme Pitman répondit que son estomac allait très bien ; elle contredit Phinuit sur tous les points, et Phinuit s'en montra très ennuyé. Mais, bientôt, Mme Pitman tomba malade. Elle fut soignée par le Dr Herbert, qui est très blond: il diagnostiqua une inflammation de l'estomac. Alors Mme Pitman commença à croire à la prédiction de Phinuit; mais, interprétant à faux les dernières paroles de celui-ci, elle crut qu'elle se rétablirait. Elle fut soignée à Paris par le Dr Charcot pour une maladie nerveuse. Elle eut de la faiblesse dans la tête, et ses facultés mentales furent atteintes. Bref elle mourut. Maintenant elle n'est plus malade, et tout doit bien aller pour elle, comme l'avait prédit Phinuit.

Enfin, d'autres communications qui s'accommodent mal de l'hypothèse de la télépathie sont celles des enfants morts en bas-âge. Quand ils communiquent peu de temps après leur mort, ils reproduisent leurs gestes enfantins, ils répètent les quelques mots qu'ils commençaient à balbutier, ils demandent par gestes les jouets qu'ils aimaient. Tous ces détails se trouvent évidemment dans l'esprit des parents. Mais, quand ces enfants communiquent de longues années après leur mort, tout se passe comme s'ils avaient grandi dans l'autre monde : ils ne font que très rarement allusion aux impressions de leur enfance, même quand ces impressions sont encore très vivaces dans l'esprit de la mère ou du père. George Pelham servit un jour d'intermédiaire à un enfant mort depuis de nombreuses années. La mère naturellement parla de lui comme d'un enfant, et George Pelham se récria : « Mais ce n'est pas un enfant, c'est un homme! »

CHAPITRE IX

Considérations nouvelles sur les difficultés du problème. — Ce qu'était George Pelham. — Développement de l'écriture automatique.

Jusqu'au mois de mars 1892, l'empire de Phinuit resta incontesté. Il céda quelquefois sa place à d'autres contrôles, mais rarement pendant une séance entière.

Mais, au mois de mars 1892, apparut un nouveau communiquant qui, de gré ou de force, imposa sa collaboration à Phinuit. Ce nouveau venu s'appelait George Pelham, et il prétendait être l'esprit désincarné d'un jeune homme de trente-deux ans, tué quatre ou cinq semaines auparavant dans un accident de cheval. Quoi qu'il en soit, ce nouveau contrôle avait plus de culture, plus d'élévation morale et plus d'amour de la vérité que le soi-disant docteur français. Au reste, celui-ci bénéficia de cette société : il s'efforça d'être plus véridique, il sembla faire moins appel à son imagination ; bref, toutes les séances furent meilleures, même celles où Phinuit apparaissait seul. Tant il est vrai que, même en l'autre monde, on ne peut que gagner en bonne compagnie.

Le nouveau venu a fait tout son possible pour établir son identité. Y a-t-il réussi ? Certains affirment que oui. D'autres, les contradicteurs quand même, discutent, ergotent et nient toujours. Faut-il leur en vouloir ? Non. L'espèce de ces contradicteurs quand même est utile à la science : si elle n'existait pas, il faudrait l'inventer. Ils démolissent tout, excepté ce qui est indémolissable : la vérité. Jusqu'à ce jour, le cas George Pelham les a embarrassés, ils ont hésité : c'est bon signe, il doit y avoir là un fond vrai. Cependant ils sont loin de s'avouer vaincus, et ils en donnent parfois des raisons très spécieuses.

Cela ne prouve qu'une chose, c'est que, pour résoudre le problème des problèmes, il ne suffira pas que les communiquants nous donnent de nombreux détails semblant de prime-abord prouver leur identité. — Mais, c'est désespérant ! s'écrieront certaines personnes, que faut-il donc ?

Non ! il ne faut pas désespérer. Si la prétendue mort n'est que le passage dans un autre monde tout proche de celui-ci, on finira par le savoir, par le prouver de façon irréfutable. On en trouvera le moyen, la méthode. Il ne faut pas dire : c'est impossible. Avant la découverte de l'analyse spectrale, Auguste Comte, qui n'était pourtant pas le premier venu, disait : « On ne saura jamais de quels éléments sont composés les astres. » Aujourd'hui on commence à le savoir. Les moyens d'investigation nouveaux, comme les faits nouveaux, ne cesseront de surgir sous nos pas.

Quant au problème de la survie, il est d'une importance si grande qu'il ne faut pas se contenter d'un à peu près comme solution. Assez de superstitions ! Assez d'exploitation de l'ignorance et de la peur ! Il nous faut la vérité, quand même cette vérité devrait broyer sous ses pieds d'airain nos illusions les plus chères.

Donc, nous saurons la vérité, sinon sur les destinées ultimes de l'homme, du moins sur ce qu'il devient après la mort du corps. Les chercheurs au cerveau clair et froid, quoiqu'enthousiastes et passionnés, surgissent de toutes parts. Les pontifes du monisme ont vieilli : un à un ils partent pour le grand inconnu. Déjà leurs théories sont battues en brèche, et cependant c'est à peine si elles ont eu le temps de devenir officielles. Nous saurons la vérité, mais il faut que les travailleurs se multiplient et ne se laissent décourager par rien.

Pour l'instant, les quelques cas où l'identité semble établie nous fournissent déjà une forte présomption en faveur de la survie. Si George Pelham est bien ce qu'il prétend être, les générations futures lui devront une profonde reconnaissance : il a fait tout ce qu'il a pu, au milieu de circonstances qui sont, paraît-il, très défavorables, quoique nous ne puissions pas nous rendre compte des difficultés.

Même entre vivants, prouver son identité n'est pas toujours chose commode. Supposez un homme en Angleterre, à l'extrémité d'un fil télégraphique ou téléphonique ; supposez qu'un certain nombre de ses amis, placés en France à l'extrémité du fil, refusent de le croire quand il leur dit qu'il est un tel et lui disent : Prouvez-nous votre identité. Ce malheureux aura fort à faire. Il dira : « Vous souvenez-vous que nous nous sommes trouvés ensemble à tel endroit ? » On lui répondra : « Bah ! c'est un incident qu'on vous a raconté et qui ne prouve pas du tout que vous soyez la personne que vous prétendez être. » Et ainsi pour tout le reste. Un fait cependant est tout à fait incontestable : il y a quelqu'un au bout du fil. Dans les phénomènes qui nous occupent, la théorie de la télépathie prétend, contre toutes les apparences, qu'il n'y a personne au bout du fil ou, du moins, qu'il n'y a personne autre que le médium, doué momentanément de pouvoirs aussi mystérieux qu'extraordinaires. Mais revenons à George Pelham.

Pelham n'est pas tout à fait son nom. Par un sentiment de discrétion, on a modifié légèrement la dernière syllabe du nom.

Il appartenait à une famille considérable des États-Unis, qui s'honore d'avoir Benjamin Franklin pour ancêtre. Il avait étudié le droit, mais, ses études achevées, il avait renoncé à se promener chaque jour dans la forêt de la loi, et il s'était adonné exclusivement à la littérature et à la philosophie. Il avait publié deux ouvrages, qui lui avaient valu beaucoup d'éloges de la part des personnes compétentes. Pendant longtemps il avait vécu à Boston ou dans les environs. Il passa les trois dernières années de sa vie à New-York. En février 1892, il fit une chute de cheval et fut tué sur le coup.

Quoique très sceptique sur ces matières, il s'intéressait aux recherches psychiques. Il fut membre de la Société américaine, puis de la Société anglo-américaine pour les Recherches psychiques. Le Dr Hodgson le connaissait très bien et aimait à s'entretenir avec lui à cause de la rectitude de son jugement et de la vivacité de son intelligence. Mais les circonstances et le temps n'avaient pas permis à des liens d'affection, à une véritable amitié de s'établir entre eux.

Une longue discussion s'était engagée entre le Dr Hodgson et George Pelham, deux ans environ avant la mort de celui-ci, sur la question de la survie. George Pelham soutint que la survie était non seulement improbable, mais encore inconcevable. Le Dr Hodgson soutint qu'elle était au moins concevable. Après beaucoup d'arguments échangés de part et d'autre, George Pelham finit par en convenir, et il termina la conversation en disant : « Si je meurs avant vous, et si je me trouve jouir encore d'une existence quelconque, je ferai de tels efforts pour vous la révéler, qu'il y aura du bruit dans Landerneau (1). »

George Pelham semble avoir tenu parole, plus heureux que beaucoup d'autres qui, avant ou après lui, ont fait la même promesse. Mais qu'il y en ait beaucoup qui n'ont pas tenu leur promesse, cela ne prouve rien. Les moyens de communication sont encore infiniment rares : Mme Piper est un médium presque unique en son genre jusqu'aujourd'hui. Il peut se faire que la grande majorité des habitants de l'autre monde soient logés à la même enseigne que la grande majorité des habitants de celui-ci et ignorent la possibilité des communications. Même si ceux qui promettent de revenir connaissent cette possibilité, la difficulté de reconnaître leurs amis doit être grande pour eux, puisqu'ils semblent ne pas percevoir la matière. Leurs amis qui sont encore dans le corps devraient, semble-t-il, les appeler en pensant fortement à eux, en présentant à de bons médiums des objets leur ayant appartenu et auxquels se rattache un vif souvenir affectif, et

---

(1) L'expression dont s'est servi George Pelham ne peut pas être traduite autrement.

en priant même les contrôles de ces médiums de les rechercher.

Si ces précautions ne sont pas prises, les survivants ont tort d'incriminer le manque de parole de leurs amis ou d'en conclure que tout est fini à la mort du corps.

George Pelham a dû de pouvoir se manifester à des circonstances particulièrement favorables. Il connaissait l'existence de Mme Piper, bien que, selon toute vraisemblance, Mme Piper ne le connût pas. En 1888, la Société américaine pour les Recherches psychiques avait nommé une commission pour l'investigation des phénomènes médiumniques; cette commission demanda une série de séances à Mme Piper. Je ne sais pas si George Pelham était membre de la commission; mais il assista à une de ces séances. Les noms de tous les consultants furent soigneusement cachés, et rien n'était de nature à appeler l'attention du médium sur George Pelham qui, selon toute vraisemblance, passa inaperçu.

Elle n'a appris que tout récemment — le Dr Hodgson croit pouvoir l'affirmer — que George Pelham avait assisté autrefois à une de ses séances. Le nom de George Pelham a dû lui être révélé assez tard; car, dans son état normal, elle ignore entièrement ce qu'elle a dit pendant la transe; elle l'apprend, comme tous ceux que ces questions intéressent, en lisant les *Annales de la Société pour les Recherches psychiques*, sauf les cas où le Dʳ Hodgson estime à propos de lui en dire quelque chose.

Avec l'apparition de George Pelham, se perfectionna un procédé de communication dont je dois parler ici avec quelques détails : celui de l'écriture automatique.

C'est le 12 mars 1892 seulement qu'il fut donné au Dʳ Hodgson d'assister pour la première fois à la production de cette écriture, quoiqu'il s'en fût produit autrefois à de rares occasions. Phinuit servait d'intermédiaire à une communiquante qui prétendait être une dame Annie D... Vers la fin de la séance, le bras droit de Mme Piper se redressa lentement jusqu'à ce que la main eût atteint le haut de la tête. Le bras demeura rigide dans cette position, mais la main était agitée d'une sorte de vibration rapide. — « Elle s'est emparée de mon bras ! s'écria Phinuit, elle veut écrire ! » Le Dʳ Hodgson mit un crayon entre les doigts et un bloc-notes sur le vertex. — « Tenez la main ! dit Phinuit. » Le Dʳ Hodgson saisit le poignet et arrêta ainsi le tremblement. Alors la main écrivit : « Je suis Annie D. ; je ne suis pas morte, je suis vivante » et quelques autres mots, puis Phinuit murmura : « Rendez-moi ma main ! » Le bras demeura contracté et dans la même position pendant quelques instants encore, puis, lentement et comme avec peine, il revint le long du corps. Pendant les séances qui suivirent, il se produisit encore de l'écriture dans la même position incommode. Mais, le 29 avril 1892, le Dr Hodgson disposa une table de manière que le bras droit de Mme Piper pût y reposer à l'aise ; puis, saisissant le bras et ordonnant avec toute sa volonté : « Vous devez essayer d'écrire sur la table », il réussit, en y employant beaucoup de force, à le faire descendre. Depuis ce jour, l'écriture se produit sur la table, sur laquelle le bras repose plus ou moins.

Quand un contrôle s'empare du bras pour écrire, ce bras est saisi de mouvements spasmodiques violents. Les bloc-notes, les cahiers, les crayons et tout ce qui peut se trouver sur la table est jeté à terre pêle-mêle. Il faut parfois déployer une force considérable pour l'arrêter. On met alors un crayon entre les doigts, et l'écriture commence. Quelquefois, mais rarement, elle est interrompue par un spasme : la main se ferme avec force, le poignet se plie ; mais, quelques secondes après, le spasme disparaît et l'écriture reprend.

Depuis que l'écriture automatique est devenue facile, le plus souvent deux contrôles se manifestent simultanément, l'un par le moyen de la voix, l'autre par le moyen de l'écriture. Phinuit continue à se servir de la voix selon son ancienne habitude; George Pelham, bien qu'il se serve aussi de la voix occasionnellement, aime mieux se servir de l'écriture. Le 24 février 1894, un contrôle écrivait : « Il n'y a pas de raisons pour que plusieurs esprits ne communiquent pas à la fois par l'intermédiaire du même organisme. » C'est, en effet, ce qui arrive. La voix peut soutenir une conversation avec un consultant, pendant que la main, en écrivant, en soutient une autre avec un autre consultant, sur un sujet entièrement différent. Si le consultant qui s'entretient avec la main se laisse distraire par ce que dit la voix, cette main par ses mouvements le rappelle à l'attention. Quand on converse avec le contrôle de la main, il faut parler près de la main et à la main, sous peine de ne pas être compris. Bref, il faut agir avec cette main absolument comme si elle était un être complet et indépendant.

L'observation de ce phénomène suggéra au Dr Hodgson l'idée qu'il pourrait peut-être obtenir trois communications sur des sujets différents, en utilisant la main gauche. Il essaya et réussit, quoique imparfaitement, sans doute parce que, à l'état normal, la main gauche est inhabile à l'écriture.

Autrefois Phinuit protestait quand on saisissait la main, et il demandait bien vite qu'on la lui rendît, comme on l'a vu plus haut. Depuis que l'écriture automatique s'est développée, la main peut être saisie par un contrôle, sans que celui qui se sert de la voix s'en aperçoive. Un jour, Phinuit conversait avec une consultante et l'entretenait de ses parents, quand la main, à l'improviste et pour ainsi dire subrepticement, écrivit pour le Dr Hodgson une communication prétendant venir d'un ami intime et traitant d'un sujet tout à fait différent de ceux dont parlait la voix. Le Dr Hodgson ajoute : Cela se passa comme lorsqu'un visiteur entre dans un salon où il aperçoit un ami, mais où deux personnes s'entretiennent ensemble à haute voix. Pour ne pas troubler la conversation, le visiteur s'approche de son ami et lui parle à l'oreille.

Au reste, Phinuit semble aimer mieux ne pas s'occuper de ce que fait la main. Il cause aussi longtemps qu'il a un interlocuteur ; mais, quand les messages délivrés par la main distraient cet interlocuteur, Phinuit souvent dit alors : « Je vais lui aider. » Que veut-il dire par là exactement ? Mystère. Mais, si l'on veut reprendre la conversation avec lui, il suffit de parler près de l'oreille : il ne se fait pas prier. Tout cela n'interrompt pas l'écriture : la tête et la main ne s'occupent pas l'une de l'autre.

Les observateurs de ces phénomènes étranges, et spécialement le Dr Hodgson, affirment que les contrôles écrivent sans avoir conscience d'écrire, comme sans doute ils parlent sans avoir conscience de parler. Ces contrôles perçoivent, à ce qu'ils disent, dans le corps du médium, deux amas principaux de ce fluide mystérieux, de cette énergie inconnue, qui leur apparaît comme une lumière, et à laquelle ils donnent ce nom « de lumière ». L'un de ces amas est dans la tête, l'autre est dans la main. Les contrôles pensent dans cette lumière, et leurs pensées nous sont transmises automatiquement par l'organisme. Si vraiment l'homme est un esprit incarné, la même chose doit se passer pour chacun de nous. Notre corps ne serait qu'une machine protoplasmique que nous nous serions confectionnée pour nous mettre en rapport avec le monde de la matière. Mais par quels ressorts agit cette machine ? Nous n'en savons absolument rien. Je pense, et ma voix transmet ma pensée à ceux qui m'écoutent, ou bien ma main la fixe par l'écriture. Mais que se passe-t-il, en vertu de quelle énergie mon corps matérialise-t-il pour ainsi dire ma pensée ? je n'en sais rien. Naturellement je me sers de mon corps avec plus d'habileté et de conscience apparente que les contrôles de Mme Piper ne se servent de l'organisme de celle-ci. C'est que, pour le moment, je ne vis consciemment que dans le monde de la matière ; ensuite, parce que mon corps est à moi, il a été fait pour moi, sur ma mesure pour ainsi dire, et que je m'en sers depuis longtemps (1).

L'écriture automatique diffère de caractère suivant les contrôles. Ceux-ci toutefois n'arrivent pas à reproduire l'écriture qu'ils avaient de leur vivant. George Pelham a essayé au moins une

(1) Je continue à m'exprimer comme si ce n'était pas purement une hypothèse, par commodité, mais je n'affirme rien.

fois et n'a pas réussi. Mais cela ne doit pas nous surprendre ; on ne travaille pas aussi bien avec l'outil d'un autre qu'avec le sien. En tout cas, cette différence d'écriture est une présomption de plus en faveur de la différence de l'individualité.

Souvent cette écriture prend l'aspect de celle qui couvre une pierre lithographique : on ne peut la lire qu'en la regardant dans un miroir ; cette écriture, que j'appellerai lithographique puisqu'il faut lui donner un nom, est produite aussi rapidement que l'écriture ordinaire, alors que Mme Piper, dans son état normal, serait incapable d'écrire un seul mot de cette manière. Au reste, on a souvent remarqué occasionnellement cette écriture lithographique chez les sujets qui écrivent automatiquement : la cause en est encore à trouver.

D'autres fois, les mots sont écrits à rebours. Ainsi pour *hôpital*, on obtiendra *latipoh*. Chez certains médiums, ce ne sont pas seulement des mots isolés qui sont ainsi écrits, ce sont des phrases tout entières. Pour lire ces phrases, il faut commencer par la dernière lettre, et lire à rebours jusqu'à ce qu'on arrive à la première. Dans l'écriture automatique de Mme Piper, des syllabes se trouvent aussi parfois déplacées ; ainsi *hôpital* peut être écrit *hôtipal*. Je rappelle au lecteur que je me réfère à des faits bien constatés, par des hommes compétents, et où il ne saurait être question de fraude.

Pour beaucoup de séances, on a un compte rendu, d'après des notes sténographiées. On a essayé d'introduire un phonographe. Phinuit, goguenard, en examina l'embouchure avec ses mains et demanda : « Qu'est-ce que c'est que cette machine à tube ? » On essaya de lui en faire comprendre l'usage sans y réussir. Cependant le phonographe enregistra assez bien la séance ; mais on ne renouvela pas l'expérience, je ne sais pourquoi : les intonations des contrôles auraient été intéressantes à étudier.

Je me suis souvent servi d'expressions affirmatives dans ce chapitre, et le lecteur pourrait en conclure qu'à mes yeux l'existence des esprits n'est plus une hypothèse, mais une réalité. Je l'ai déjà prévenu et je le préviens encore que je parle ainsi uniquement par commodité, et que l'existence des esprits est encore aussi hypothétique pour moi que pour n'importe qui.

CHAPITRE X

Comment George Pelham a établi son identité. Il reconnaît ses amis, fait allusion à leurs opinions. — Il reconnaît les objets qui lui ont appartenu. — Il demande des services. — Ses assertions erronées sont extrêmement peu nombreuses.

Certains lecteurs doivent se demander ce qu'a bien pu dire le revenant George Pelham pour que des hommes intelligents et sérieux aient considéré son identité comme établie. Je vais essayer de leur en donner une idée, en résumant les incidents que je puis rapporter sans entrer dans des détails d'une complexité ou d'une ténuité trop grande. Je ne puis tout dire, d'abord parce que je manque de place, ensuite parce je finirais peut-être par devenir fastidieux, ce qu'il faut éviter avant tout dans un modeste ouvrage de vulgarisation comme celui-ci.

Quand le Dr Hodgson écrivit son rapport qui parut en 1898, George Pelham qui, comme Phinuit, sert volontiers d'intermédiaire mais en employant l'écriture, George Pelham, dis-je, avait eu l'occasion de voir cent cinquante consultants, parmi lesquels trente de ses anciens amis. Ces trente amis ont tous été reconnus par lui, et aucun étranger n'a été pris pour un ami. Non seulement il a appelé ses amis par leur nom, mais encore il leur a adressé la parole sur le ton qu'il avait l'habitude de prendre avec chacun d'eux. Nous ne parlons pas de la même manière à tous nos amis. Le ton de notre conversation diffère selon le caractère de celui à qui nous nous adressons, selon son âge, selon le degré d'estime ou d'affection que nous avons pour lui. Ce sont là des nuances typiques, mais instinctives, et partant difficiles à reproduire artificiellement. La volonté consciente d'un Shakespeare y réussirait à peine. Quant à la volonté consciente de Mme Piper, elle en est tout à fait incapable. Si donc, c'est sa subconscience qui produit ces phénomènes, cette subconscience est un génie sans pareil, ou encore elle est en relation directe avec le grand Tout, avec l'Absolu.

George Pelham s'est donc adressé aux trente amis, qu'il a eu l'occasion de voir par l'intermédiaire du médium, sur le ton qu'il avait l'habitude de prendre avec chacun d'eux autrefois. Les incidents que je vais citer ne sont que des exemples : j'ai dit pourquoi je ne pouvais même résumer tout ce qui a été publié des séances. Au reste, tout ce qu'il y avait de plus intime et, par conséquent, de plus probant, les consultants n'ont pas voulu qu'on le publiât, pour des raisons faciles à concevoir.

Je crois qu'il est inutile de dire à quelle séance j'emprunte chaque incident : cela alourdirait beaucoup mon récit. Ceux que ces lectures intéressent doivent se reporter aux documents originaux et les étudier attentivement par eux-mêmes.

Dès les premières séances, George Pelham demande à voir son père. Il a, dit-il, à l'entretenir d'affaires privées ; et puis, enfin, il voudrait aussi le convaincre, si possible, de son existence dans un monde nouveau. M. Pelham fut aussitôt averti ; il ne fit pas comme une très grande dame italienne dont je lisais récemment l'histoire dans l'excellente *Revue des Études psychiques*, de M. César de Vesme.

La fille de cette dame, morte depuis peu, prétendait se manifester par l'intermédiaire d'un médium et appelait sa mère. Celle-ci, avertie, au lieu d'accourir, alla demander la permission de son confesseur. On imagine ce que répondit le saint homme : ces manifestations émanent du démon ; une femme pieuse et soumise à l'Église ne va pas s'entretenir avec un aussi dangereux personnage. La grande dame fit savoir qu'elle ne pouvait venir.

Quoique très sceptique par nature et par éducation, M. Pelham père accourut aussitôt avec sa seconde femme, la belle-mère de George Pelham. Ils furent introduits sous de faux noms. Dès le début de la séance, George Pelham écrivit : « Hé ! mon père et ma mère, c'est moi, George ! » Les communications qui suivirent étaient tout à fait ce que M. Pelham père aurait pu attendre de son fils vivant.

A l'une des premières séances, il s'informe d'un de ses amis, un jeune écrivain, et spécifie que celui-ci devait éditer un de ses manuscrits, à lui, George Pelham.

Pendant que George Pelham demeurait à Boston, il était lié par une solide affection à la famille Howard. Il vécut souvent et longtemps dans cette famille. James Howard et lui débattaient souvent ensemble les plus graves problèmes de la philosophie. Dès la première séance où il apparaît, George Pelham réclame les Howard avec insistance : « Dites à Jim (1) que je veux le voir ; il aura de la peine à me croire, à croire que je suis ici. Mais je veux qu'il sache où je suis, ce bon cher ami. » Il leur souhaite la bienvenue d'une manière toute caractéristique : « Jim, est-ce bien vous ? Parlez-moi vite. Je ne suis pas mort. N'allez pas croire que je suis mort ? Que je suis donc heureux de vous voir ! Est-ce que vous, vous ne pouvez pas me voir, est-ce que

---

(1) Abréviation de *James*.

vous ne pouvez pas m'entendre? Exprimez toute mon affection à mon père, dites-lui que je veux le voir. Je suis heureux ici, et bien plus encore depuis qu'il m'est donné de pouvoir communiquer avec vous. J'ai pitié de ceux qui ne peuvent pas en faire autant. »

Un M. Vance a une séance. George Pelham l'avait connu. Tout d'abord le communiquant ne sembla pas le remarquer, occupé qu'il était à donner des messages au Dʳ Hodgson. Mais ensuite George Pelham le reconnaît et demande : « Où est votre fils? Il faudra me l'amener; je veux le voir. — George, où avez-vous connu mon fils? — Au collège, il a été mon condisciple. — George, en quel lieu avez-vous demeuré avec nous? — A votre maison de campagne, maison très particulière, entourée d'arbres. Elle a un porche sur le devant, il y a une vigne d'un côté et une balançoire de l'autre. » Tout cela était exact.

Mlle Helen Vance avait appartenu en même temps que George Pelham à une société dont les membres avaient pour but de se former mutuellement à l'art d'écrire. Elle vient à une séance et entre, alors qu'elle était commencée depuis longtemps. Mme Piper, dans son état normal, ne l'avait donc jamais vue. Néanmoins, George Pelham lui demande aussitôt : « Comment va la société? » Puis, un peu plus tard, s'engage entre Mlle Vance et George Pelham ce dialogue : « Qui avez-vous maintenant pour corriger vos écrits ? — Nous nous corrigeons l'un l'autre. — Êtes-vous satisfaits ? — Oui ! — Quoi ! vous êtes satisfaits des corrections ! — Oui, mais pas autant que des vôtres ; les vôtres valaient mieux. — C'est justement ce que j'essayais de vous faire dire. — En d'autres termes, George, c'est un compliment que vous attendiez de moi ? — Allons donc ! Vous avez de moi une meilleure idée ! »

Mlle Warner eut deux séances avec Mme Piper cinq ans après la mort de George Pelham. Cette Mlle Warner avait été connue de lui alors qu'elle était tout enfant ; mais, quand il mourut, il y avait trois ans qu'il n'avait pas eu l'occasion de la voir. Cela faisait donc huit ans qu'il l'avait perdue de vue. Or en huit ans une enfant devient une grande jeune fille. Aussi, à la première séance, George Pelham ne reconnut pas du tout Mlle Warner. A la deuxième séance, il lui demanda qui elle était : « Je ne crois pas que je vous aie jamais beaucoup connue ? — Très peu ; mais vous faisiez des visites à ma mère. — J'ai entendu parler de vous sans doute ? — Je vous ai vu plusieurs fois ; vous veniez chez nous avec votre ami M. Rogers. — Ah ! c'est donc cela ; la première fois que je vous ai vue, vous m'avez rappelé Rogers. — En effet, vous avez parlé de lui. — Oui, et néanmoins je ne puis pas vous remettre. Je tiens à reconnaître tous mes amis.

Je le pouvais autrefois ; mais il y a longtemps que je suis parti : je vais chaque jour en m'éloignant davantage de vous tous. Je ne puis pas me rappeler votre figure : vous devez avoir changé. » A ce moment, le Dr Hodgson dit : « Vous souvenez-vous de Mme Warner ? — Certainement, très bien ! Est-il Dieu possible ; vous seriez sa fillette ? — Oui. — Sacrebleu ! comme vous avez grandi ! J'appréciais beaucoup votre mère : une charmante femme. »

Non seulement George Pelham reconnaît ses amis, comme on vient de le voir ; mais il se souvient de leurs opinions, de leurs occupations, de leurs habitudes. James Howard est un écrivain. Il lui dit : « Pourquoi n'écrivez-vous pas sur ce sujet-là : la Survie ? » Rogers écrit aussi. Il demande : « Qu'est-ce que Rogers est en train d'écrire en ce moment ? — Un roman. — Ce n'est pas cela que je veux dire. N'écrit-il pas quelque chose à mon sujet ? — Si, il prépare un Éloge commémoratif. — C'est gentil. On aime à ne pas être oublié. C'est très aimable à lui. Il a toujours été très bon pour moi quand je vivais. »

Il se souvient des opinions de son père et des conversations qu'ils avaient ensemble autrefois sur des questions philosophiques. « Je voudrais bien convaincre mon père, dit-il, mais ce sera dur. Il sera plus facile de convaincre ma mère. »

Il dit à James Howard : « Vous souvenez-vous

que, lorsque nous conversions ensemble et que nous avions besoin de nous référer à un ouvrage, vous connaissiez toujours sa place dans la bibliothèque? » Autrefois, quand James Howard et George Pelham conversaient le soir ensemble, le premier avait l'habitude de fumer une longue pipe. A une séance, tenue dans la même bibliothèque où les conversations avaient lieu jadis, George Pelham dit : « Pourquoi ne prenez-vous pas votre longue pipe et pourquoi ne fumez-vous pas ? »

Catherine est une des filles de James Howard. Elle joue du violon. Autrefois, quand elle étudiait cet instrument, elle avait le don d'agacer particulièrement George Pelham, qui habitait dans la famille. A une séance il lui dit : « Catherine, comment va le violon ? C'est horrible, horrible que de vous entendre jouer ! » Mme Howard répond : « Oui, George, mais ne voyez-vous qu'elle aime sa musique parce qu'elle n'en a pas d'autre ? — Sans doute, mais c'est là ce que j'avais l'habitude de lui dire autrefois. »

Marte est un pseudonyme adopté par le Dr Hodgson pour désigner un écrivain américain très connu. C'est un moniste, partisan des doctrines darwiniennes, convaincu que la mort du corps est pour nous la fin de tout. A une séance, George Pelham lui dit : « La doctrine darwinienne de l'évolution est parfaitement juste pour votre monde; mais nous continuons à évoluer ici. C'est là un fait que Darwin a ignoré jusqu'au jour où il y est venu. »

George Pelham reconnaît aussi les objets qui lui ont appartenu, principalement ceux auxquels un souvenir affectif est attaché.

John Hart, à la première séance où apparaît George Pelham, présente des boutons de manchettes qu'il portait et demande : « Qui m'a donné ces boutons de manchettes ? — C'est moi. Je vous ai donné ceux-ci. Je vous les envoyai. — Quand ? — Avant ma mort. Ma mère vous a donné ceux-là. — Non. — Alors, c'est mon père. Mon père et ma mère vous les ont donné ensemble. Ma mère les prit sur moi après ma mort et les donna à mon père qui vous les envoya. Gardez-les en souvenir de moi; je vous les lègue. » Tout cela était exact.

A une séance, Mme Howard présente une photographie. En réalité, elle la place sur le vertex du médium. — « Reconnaissez-vous cela ? — Oui, c'est votre résidence d'été. Mais j'ai oublié le nom de la ville. — Ne vous souvenez-vous pas de D...? — Ah ! oui ! La petite maison en briques, la vigne, la treille, comme on l'appelle. Oui, je me souviens de tout cela, c'est pour moi clair comme le jour. Mais où est donc la petite dépendance ? » Tout cela est exact. La dépendance que George Pelham s'étonne de ne pas voir était un poulailler laissé en dehors de la photographie.

A une autre séance, Mme Howard place un livre sur la tête du médium. N'oublions pas que le médium a les yeux fermés et les globes oculaires retournés vers le haut. — « Reconnaissez-vous ce livre ? — Parfaitement, ce sont mes *Lyriques français*. » Inutile d'ajouter que c'était exact.

George Pelham demande lui-même des renseignements sur les sujets qui l'intéressaient de son vivant. Il demande qu'on lui rende des services.

A la première séance, il dit au consultant John Hart : « Allez dans ma chambre, où j'avais l'habitude d'écrire. J'ai laissé toutes mes affaires terriblement en désordre. Je vous serais obligé de débrouiller un peu tout cela. Il doit y avoir une quantité de lettres : voudriez-vous y répondre pour moi ? »

Evelyn est une autre fille de M. et Mme Howard. George Pelham lui avait fait cadeau d'un petit livre dans lequel il avait écrit son nom, à elle, Evelyn. Il lui demande si elle s'en souvient.

Il n'a pas non plus oublié ses propos anciens. Il aimait beaucoup Evelyn, mais cela ne l'empêchait pas de la taquiner sans cesse. Ainsi elle n'est pas forte en mathématiques. A une séance, George Pelham lui dit : « Je ne veux pas vous taquiner maintenant ; je vous taquinais beaucoup autrefois, mais vous me le pardonnez, je le sais. » Ce qui ne l'empêche pas d'ajouter aussitôt après :

— « Evelyn est une jeune fille toujours capable de nous dire combien font deux et deux ! — Certainement ! — Vous venez tout juste de l'apprendre, n'est-ce pas ? Vous n'êtes pas précisément une mathématicienne de premier ordre, hein ? » Mais il ajoute vite : « Soyez bonne, Evelyn, les leçons, voyez-vous, n'ont qu'une importance relative. Être bon, voilà le point capital. »

James Howard avait posé à George Pelham plusieurs questions auxquelles celui-ci n'avait pas répondu, prétendant avoir oublié. A cause de cela, James Howard doutait encore de l'identité de George Pelham. Un jour, le premier dit : « George, dites-moi quelque chose que vous et moi soyons seuls à connaître. Je vous demande cela parce qu'il y a plusieurs questions auxquelles vous n'avez pas pu répondre. Nous avons passé ensemble bien des étés et bien des hivers, nous avons parlé de beaucoup de choses, nous avions beaucoup de vues en commun, nous avons traversé ensemble beaucoup d'événements. Rappelez-moi quelque chose. » Aussitôt, la main se mit à écrire fébrilement : les événements les plus intimes sont racontés, si intimes qu'on ne saurait les publier. A un moment donné, la main écrit : *Personnel*. Le Dr Hodgson, qui était présent, sort. A son retour, James Howard lui dit qu'il avait obtenu tout ce qu'il pouvait désirer en fait de preuves, qu'il était « entièrement, entièrement satisfait ».

A la première séance où apparaît George Pelham, avec John Hart pour consultant, George parle tout à coup de Catherine, la fille de James Howard, et il prononce ces paroles qui sur le moment n'eurent aucun sens pour John Hart : « Dites-lui qu'elle saura. Je résoudrai les problèmes, Catherine. » Quand John Hart rapporta ces paroles aux Howard, elles les frappèrent plus que tout autre chose. Pendant le dernier séjour que George Pelham avait fait chez eux, il avait souvent causé avec Catherine de hautes questions philosophiques, comme le temps, l'espace, l'éternité, et il lui expliquait combien peu satisfaisantes étaient les interprétations qu'on en avait données. Puis il avait ajouté les mots presque textuels de la communication : « Quelque jour, je résoudrai les problèmes, Catherine. »

Notons qu'à ce moment-là les Howard n'avaient encore jamais vu Mme Piper, que John Hart ignorait totalement ces conversations, que le Dr Hodgson, qui prenait des notes à la séance, ne connaissait à ce moment ni ces conversations ni même les Howard.

George Pelham avait reçu une forte instruction classique ; c'était un humaniste. Aussi retrouve-t-on dans son langage un assez grand nombre d'expressions latines, usuelles sans doute parmi les gens de son éducation, mais que Mme Piper, dans son état normal, ne connaît pas. Le brave Phinuit, qui ne devait pas être un bien grand latiniste, ne les emploie pas davantage. Cette constatation inspira au professeur William Romaine Newbold l'idée d'inviter George Pelham à traduire un court fragment de grec, et il lui proposa celui qui se présenta à sa mémoire sur le moment même, c'est-à-dire les premiers mots du *Pater* : Πάτερ ἡμῶν ὁ ἐν τοῖς οὐρανοῖς. George Pelham tâtonna assez longuement, puis, enfin, il finit par les traduire : *Notre Père, toi dans les cieux*. Le professeur Newbold proposa ensuite une phrase plus longue qu'il composa lui-même pour la circonstance : Οὐκ ἔστι θάνατος· αἱ γὰρ τῶν θνητῶν ψυχαὶ ζωὴν ζῶσιν ἀθάνατον, ἀΐδιον, μακάριον. Cela signifie : *Il n'y a pas de mort ; les âmes des mortels, en effet, vivent d'une vie immortelle, éternelle, heureuse*. George Pelham appela à son secours Stainton Moses, qui de son vivant passait pour un bon helléniste. A eux deux, ils ne réussirent à comprendre que la première proposition : *Il n'y a pas de mort*. Ces expériences prouvent en tous cas, qu'à l'état de trance Mme Piper peut comprendre un peu de grec, alors qu'à l'état normal elle ne connaît même pas les caractères de cette langue. Au reste, George Pelham et Stainton Moses peuvent avoir su tolérablement le grec et ensuite l'avoir oublié : c'est un accident arrivé à beaucoup d'entre nous.

A propos de cette traduction du grec, on pourrait faire une autre hypothèse. On pourrait supposer que les esprits George Pelham et

Stainton Moses — si esprits il y a — percevant directement la pensée et non pas son expression matérielle, ont compris partiellement ce que le professeur Newbold voulait dire sans savoir en quelle langue cela était exprimé. S'ils ne l'ont pas compris plus facilement et en entier, cela tiendrait à ce qu'une pensée exprimée par nous en une langue étrangère a quelque chose d'imprécis dans notre esprit. On pourrait aller plus loin : on pourrait croire que c'est la subconscience de Mme Piper qui perçoit directement la pensée, indépendamment de son expression. Du reste, Mme Piper a prononcé assez souvent des mots et de courtes phrases en des langues étrangères. Phinuit aime à dire en français: *Bonjour, comment vous portez-vous ? Au revoir!* il aime à compter en français. Mme Élisa, une Italienne, sœur défunte de Mme Howard, réussit à écrire ou à prononcer quelques courtes phrases en un italien plus ou moins dénaturé. Je trouve aussi dans une séance où le communiquant prétendait être un jeune Hawaïen deux ou trois mots de langue hawaïenne très appropriés à la circonstance. Tout cela est inconnu de Mme Piper à l'état normal.

Je viens de dire que les esprits — si esprits il y a — perçoivent (et ce sont eux qui nous l'affirment) directement la pensée. En revanche, ils ne perçoivent pas la matière qui est pour eux comme inexistante. Ceci m'amène à parler d'un trait nouveau des séances, principalement des séances avec George Pelham. Si ce trait n'ajoute rien à la preuve de l'identité, il témoigne tout au moins de pouvoirs supranormaux chez le médium. On demande à George Pelham d'aller voir ce que fait une personne éloignée pendant un temps donné et de venir ensuite le raconter. Il y va, et il réussit partiellement. Voilà ce qui semble se passer : Si l'acte est fortement projeté dans l'esprit de la personne qu'il surveille, il le perçoit nettement ; s'il est presque automatique, il le perçoit vaguement ; s'il est tout à fait automatique, il ne le perçoit pas du tout. Assez souvent, il donne comme ayant eu lieu des actions qui ont été projetées, mais qui n'ont pas été exécutées. D'autres fois, il rapporte comme actuelles des actions faites dans le passé. Cela tient à ce que les esprits, paraît-il, n'ont pas une idée nette du temps. Je reviendrai sur ce dernier point dans le chapitre suivant. Je n'ai malheureusement ni le temps ni l'espace pour citer des exemples.

Est-ce à dire que le communiquant George Pelham n'a jamais fait d'assertions entièrement ou partiellement erronées ? Non. Mais le nombre de ces assertions entièrement ou partiellement erronées est très petit, contrairement à ce qui se passait autrefois quand Phinuit régnait seul. Voici une de ces assertions, sur laquelle on a beaucoup ergoté ; on a voulu y voir la marque de fabrique évidente de Mme Piper et de son milieu social, mais pas du tout la marque de fabrique de George Pelham, qui est un aristocrate. On demande à George Pelham : « Ne pourriez-vous nous dire quelque chose que votre mère a fait ? » Il répond : « Je l'ai vue brosser et ranger mes habits. J'étais près d'elle quand elle le fit. Je l'ai vue prendre mes boutons de manchettes dans une petite boîte et les donner à mon père. Je l'ai vue les envoyer à John Hart. Je l'ai vue mettre des papiers dans une boîte en fer blanc. » Interrogée par lettre, Mme Pelham répond entre autres : « Les habits de George ont été brossés et rangés non par moi mais par son ancien valet de chambre. » Et l'on se hâte de conclure : « Mme Piper, en cette occasion, s'est crue dans son monde. Elle a oublié que Mme Pelham ne brossait pas et ne rangeait pas elle-même des habits. » C'est peut-être triompher un peu vite. Les femmes du meilleur monde peuvent occasionnellement brosser et serrer un habit. Or supposez que ce que j'ai dit plus haut sur la manière dont les esprits perçoivent nos actions soit l'expression de la vérité. George Pelham a pu percevoir, non l'exécution par le valet de chambre de l'action dont il parle, mais le projet de cette action dans l'esprit de sa belle-mère. Peut-être objectera-t-on qu'il aurait bien dû supposer qu'elle ne ferait pas ce travail elle-même. Pourquoi donc ? Je ne vois pas cela. Peut-être savait-il sa belle-mère capable, à l'occasion, de serrer des habits elle-même.

Assez souvent, on pose à George Pelham des questions auxquelles il est incapable de répondre. Mais il ne prétend pas du tout n'avoir rien oublié. S'il y a un autre monde, les esprits n'y passent pas pour ruminer éternellement les moindres incidents de cette vie incomplète qui est la nôtre. Ils y passent pour être aussitôt emportés dans le tourbillon d'une activité plus grande et plus haute. Rien d'étonnant, par conséquent, à ce qu'ils oublient quelquefois. Néanmoins, ils semblent oublier moins que nous-mêmes.

CHAPITRE XI

Philosophie de George Pelham. — Nature de l'âme. — Les instants qui suivent la mort. — Le séjour dans l' « autre monde ». — L'action dans l' « autre monde ». - George Pelham contredit Stainton Moses. — L'espace et le temps dans l' « autre monde ». — Comment les esprits nous voient. — Les communications.

Le communiquant George Pelham ne s'est pas borné à se faire reconnaître de ses amis. Il a beaucoup philosophé avec eux, principalement avec le Dr Hodgson. Au reste, s'il ne l'avait pas fait, il y aurait là une lacune capable de faire douter de son identité, parce que de son vivant il aimait à agiter des idées. Mais le Dr Hodgson a gardé par-devers lui pour le moment cette philosophie d'outre-tombe. Il a estimé avec raison qu'on ne pouvait lui accorder une valeur qu'après avoir démontré d'une façon irréfutable l'existence de l' « autre monde ». Néanmoins, on en trouve des fragments, de cette philosophie, dans les comptes rendus des séances, et ils sont bien intéressants à étudier.

Peut-être cette philosophie n'est-elle que la philosophie de Mme Piper. Mais peut-être aussi est-elle celle de George Pelham désincarné. C'est pourquoi il n'est pas vrai qu'elle soit indigne d'examen. Maintenant, en admettant que ces assertions soient bien celles d'un habitant de l'autre monde, qui fut ici-bas intelligent, sincère et cultivé, doit-on les considérer comme l'expression absolue de la vérité? Oh! que non pas! S'il existe un autre monde après celui-ci, ceux qui l'habitent sont plus avancés que nous d'un degré, mais d'un degré seulement, sur l'échelle infinie de l'être. Ils ne contemplent pas face à face l'Éternel. Il peut très bien se faire qu'ils distinguent nettement des vérités que nous n'entrevoyons même pas; mais nous sommes néanmoins parfaitement fondés à n'accepter leurs dires que sous bénéfice d'inventaire.

Si l'existence de George Pelham désincarné est établie, évidemment cela présente sous un nouveau jour le vieux problème de la nature de l'âme, problème vieux comme le monde, et que les disciples du Socrate de Platon rendaient intelligible par cette figure charmante: L'homme est-il comparable à une lyre, et son âme à l'harmonie de cette lyre, harmonie qui n'existe plus quand la lyre est brisée? Pour exprimer l'idée en termes plus modernes, l'âme n'est-elle que la résultante du jeu des organes, ou bien est-elle le moteur indestructible et mystérieux qui fait agir ces mêmes organes?

George Pelham nous affirme qu'elle est bien le moteur, et que le corps n'est qu'une machine dont elle se sert temporairement pour agir dans ce monde obscur de la matière. Il dit : « La pensée existe en dehors de la matière et ne dépend de la matière en aucune façon. La destruction du corps n'a pas pour conséquence la destruction de la pensée. Après la dissolution du corps, le Moi continue son existence ; mais alors il perçoit directement la pensée ; il est beaucoup plus libre, et il peut s'exprimer beaucoup plus clairement que lorsque la matière l'étouffait. L'âme et la pensée ne font qu'un. La pensée est l'attribut imprescriptible de l'Ego ou âme individuelle. En arrivant ici, l'âme est prête pour enregistrer tout un monde de pensées nouvelles ; elle est comme une tablette de cire sur laquelle rien n'est écrit. » Je ne cherche pas à traduire exactement ; mais je crois n'avoir pas altéré le sens.

Ce serait beau s'il en était ainsi, et cela élargirait étrangement nos horizons mesquins. Mais, comme je viens de le dire, je tiens à conserver mon droit de critique et d'examen. Ailleurs George Pelham dit : « Nous avons un fac-simile (c'est le terme dont il se sert) éthéré de notre corps physique, fac-simile qui persiste après la dissolution du corps physique. » Ce serait le corps astral des spirites. Mais cette expression « fac-similé » me déroute, parce que j'ai toujours cru que notre forme actuelle était entièrement déterminée par les lois de notre monde physique, qu'elle n'était qu'une adaptation au milieu, qu'il suffirait par exemple que les lois de la pesanteur fussent même légèrement modifiées pour que notre forme dût se modifier parallèlement. William Crookes a écrit récemment sur ce sujet de bien intéressantes pages. Mais je reviendrai sur la question.

Or, la physique de l'autre monde doit beaucoup différer de la physique de celui-ci, puisque cet autre monde ne serait pas matériel ou, tout au moins, puisque la matière y serait extrêmement subtile. Comment donc notre forme actuelle persisterait-elle ?

Maintenant, si nous avons un corps astral qui accompagne notre Ego dans l'autre monde, si ce corps astral est composé d'un fluide analogue ou identique à l'hypothétique éther, ce fluide est quand même matière, bien que cette matière-là soit évidemment soumise à des lois toutes différentes de celles de notre monde grossier. Or, rien ne prouve que l'âme ne soit pas la résultante du jeu des organes de ce corps astral. Si ce corps astral se désagrège un jour, ce qui est probable, rien ne prouve que l'âme survive à cette seconde désagrégation. Si toutes ces choses étaient démontrées, le vieux problème de la nature de l'âme serait reculé, il ne serait pas résolu.

Mais c'est peut-être vouloir pénétrer trop loin pour le moment. Soyons moins ambitieux et demandons à George Pelham ce que l'on éprouve immédiatement après la mort. « Tout s'obscurcit pour moi, dit-il ; puis, peu à peu, la conscience revint, et je me réveillai à une existence nouvelle. Je ne pouvais rien distinguer tout d'abord. Ce monde nouveau m'apparaissait comme le vôtre vous apparaît pendant les instants qui précèdent l'aube. Tout était pour moi mystère et confusion. » Cela est assez vraisemblable. Si les choses sont ainsi, la mort doit être une sorte de naissance sur un autre monde, et on comprend facilement que l'âme qui vient de naître à ce nouveau monde ne doit pas y voir ni y comprendre grand'chose même assez longtemps encore après cette naissance.

James Howard dit à George Pelham : « Vous avez dû être surpris de vous retrouver vivant? » George Pelham répond: « Certes, extrêmement. Je ne croyais pas à la survie. Cela dépassait mon entendement. Aujourd'hui je me demande comment j'ai pu en douter. » Ailleurs il dit : « Quand je vis que j'étais toujours vivant, je me mis à bondir de joie. » Nous comprenons cette joie. Ceux d'entre nous qui d'avance se résignent à tomber dans le néant sont rares. La mort un anéantissement ! cette pensée, contre toute logique, nous fait frémir jusqu'aux moelles. Il y a peut-être là une indication, une révolte de notre âme qui se sait immortelle, et qui ne peut envisager l'idée du non-être, idée opposée à sa nature, sans en frémir d'effroi.

Des impressions de George Pelham on peut rapprocher celles d'un autre communiquant, du nom de Frederick Atkin Morton, qui avait passé dans l'autre monde d'une manière sensiblement différente. Cet Atkin Morton venait de fonder un journal. L'inquiétude, le surmenage et peut-être d'autres causes lui firent perdre la raison. Mais sa folie fut de courte durée : au milieu d'un accès, il se tira une balle dans la tête et se tua sur le coup. La première fois qu'il chercha à communiquer, ses propos furent très incohérents, et on n'en sera pas surpris si l'on se souvient de la constatation du Dr Hodgson. Mais la lucidité lui revint vite, et à la deuxième séance ses communications furent déjà très nettes. Voici comment il raconte à son frère Dick les impressions de sa mort. Il ne parle pas de son suicide, qu'il commit sans doute sans en avoir bien conscience. Cependant, à la fin de la séance, la main écrivit : Pistolet. Il s'était en effet tué d'un coup de pistolet. « Le dimanche, dit-il, je commençai à perdre mon équilibre mental. Puis, tout à coup, je ne reconnus plus ni les gens ni les choses. Quand je commençai à reprendre conscience, j'étais dans ce monde-ci. Tout d'abord je me demandai où je me trouvais. J'éprouvais des sensations étranges, et j'étais plus libre. Ma tête ni mon corps ne me pesaient plus. Mes pensées commencèrent à s'éclaircir, et alors, pour la première fois, je remarquai que j'avais quitté mon corps. Je vis une lumière et de nombreux visages qui me faisaient signe d'avancer et essayaient de me réconforter, m'assurant que je ne tarderais pas à me trouver dans un état normal. En effet, presque instantanément, je m'y trouvai. Alors, je t'appelai, Dick. J'aurais voulu tout te raconter, te dire où j'étais; mais l'occasion présente est la seule que j'aie pu rencontrer : aussi, tu vois que j'en profite. »

Après la question : comment passe-t-on dans l'autre monde, celle qui est de nature à nous intéresser le plus est celle-ci : Comment s'y trouve-t-on ? Or, il paraît qu'en général on s'y trouve bien. Un des oncles du professeur Hyslop, qui cependant semble avoir été ici-bas parmi les heureux, dit à son neveu, entre autres choses : « Il n'y a pas longtemps que je suis ici; et, cependant, je ne voudrais retourner dans votre monde pour rien de ce dont j'y ai joui : musique, fleurs, promenades, attelages, plaisirs de toute sorte, livres et tout le reste. » Un autre communiquant, John Hart, la première personne à laquelle George Pelham s'était manifesté, dit à sa première apparition : « Ce monde-ci est le séjour de la paix et de l'abondance. » Ah ! mon Dieu ! s'il en est ainsi, qu'elle douce surprise nous y attend, car ici-bas la paix et l'abondance sont des choses auxquelles nous ne sommes pas habitués. Mais j'ai peur que John Hart ait exagéré : la grande faucheuse jette chaque jour, de ce monde-ci dans l'autre, de tels éléments de discorde, sans compter ceux qui doivent y être depuis longtemps, que je me demande comment on s'y prend pour les empêcher de troubler la tranquillité. Quoi qu'il en soit, si, au sortir de ce monde, nous passons dans un autre, espérons que cet autre vaut mieux que celui-ci, sinon nous aurions tout lieu de regretter que la mort ne soit pas l'anéantissement final.

Mais George Pelham, à son tour, nous affirme que nous ne perdons pas au change. On se souvient qu'il est mort à trente-deux ans. Le Dr Hodgson lui demandant : « George, n'êtes-vous pas parti trop tôt ? », il répond vivement : « Non, Hodgson, non, pas trop tôt. »

Cependant, si les esprits sont heureux, plus ou moins heureux, disent les spirites, selon leur degré de développement (et il n'y a rien là que de très admissible); il faut supposer que leur bonheur n'est pas purement contemplatif. De ce bonheur-là on aurait vite assez. Ils agissent, ils ont comme nous des occupations, bien que nous ne puissions comprendre en quoi elles consistent. L'affirmation de ce fait revient souvent dans les séances, et nous pourrions le présumer, ce fait, même si les esprits ne nous l'affirmaient pas. George Pelham dit à son ami James Howard : « Je ne tarderai pas à avoir une occupation. » La première fois que je lus cette déclaration, dans une revue, qui, du reste, ne reproduisait qu'un fragment très court ne donnant pas du tout la physionomie des séances, je me souviens que ladite déclaration fit sur moi l'impression la plus fâcheuse. Faut-il, me disais-je, que ces soi-disant investigateurs soient naïfs, pour ne pas voir qu'une pareille phrase ne peut venir d'un esprit ! Elle porte trop le cachet de la terre !

Depuis, la réflexion m'a fait admettre que les esprits pouvaient eux aussi avoir des occupations ; le monde qui suit celui-ci, s'il existe, est sûrement une sphère d'activité nouvelle. Tout travaille, c'est l'universelle loi. On a demandé à George Pelham en quoi consistaient les occupations des esprits, il a répondu : « Nos occupations ressemblent aux plus nobles parmi les vôtres. Nous aidons les autres à progresser. » Cette réponse ne satisfera sans doute pas ceux qu'inspire seulement une curiosité vaine ; mais elle renferme une profonde vérité philosophique. Si l'on considère d'un peu haut nos occupations si diverses sur terre, on voit que leur but final est uniquement le perfectionnement humain. Les plus évolués d'entre nous en ont conscience ; les autres, non, et il doit en être de même dans l'autre monde, bien que George Pelham ne le dise pas. Tous nos efforts, toutes nos fatigues sont parfaitement indifférents à la nature qui n'en a que faire ; mais les nécessités de la vie obligent les hommes à sentir qu'ils sont frères, elles les obligent à se polir l'un l'autre ; nous ressemblons aux galets roulés pêle-mêle par les flots de la mer et polis par un frottement mutuel. Bon gré mal gré, sciemment ou inconsciemment, nous nous obligeons les uns les autres à progresser, à devenir meilleurs sous tous les rapports. On a probablement raison de comparer notre monde à un creuset où les âmes se purifient par la douleur et le travail, se préparant à des destinées plus hautes. Je ne voudrais pas aller jusqu'à dire, comme Schopenhauer, qu'il n'est qu'une colonie pénitentiaire.

Un célèbre médium anglais, William Stainton Moses, dans un livre bien connu des spirites, intitulé *Enseignement des Esprits* avait développé ou plutôt avait fait développer par ses esprits-guides cette théorie que les âmes s'en vont de ce monde avec tous leurs désirs et tous leurs appétits mauvais. N'ayant plus dans l'Au-delà de corps pour leur permettre de les satisfaire, elles sont soumises à un terrible supplice de Tantale. Alors elles essayent tout au moins de satisfaire leurs vices et leurs passions matérielles par procuration, si je puis m'exprimer ainsi : elles poussent les hommes incarnés, à l'insu de ceux-ci, à s'adonner à ces vices et à ces passions ; elles poussent le joueur à jouer, elles poussent l'ivrogne à boire, bref, elles plongent tant qu'elles peuvent chaque vicieux jusqu'au fond de l'abîme de son vice. Ces débauches et ces crimes les grisent et les emplissent de joie. Les âmes évoluées et nobles, malgré tous leurs efforts, sont impuissantes à conjurer l'influence des âmes inévoluées et mauvaises. En somme, c'est là, on le voit, le vieux mythe des démons et des anges, accommodé aux doctrines du spiritualisme moderne. Toutefois, c'est le vieux mythe avec une nuance : les démons veulent la perte de l'homme par jalousie, parce que, étant perdus à tout jamais, ils veulent entraîner dans leur perte autant d'âmes que possible. Les âmes mauvaises de Stainton Moses veulent la perte de l'homme pour assouvir d'ignobles penchants. Les démons sont des esprits, méchants sans doute, mais des esprits, les âmes mauvaises de Stainton Moses ne sont que d'ignobles larves que l'amour de la matière affole. Certes tout est possible, comme dit le professeur Flournoy ; mais cette théorie ne laisse pas que de surprendre, parce qu'elle semble faire graviter les habitants de l'Au-delà autour de notre monde misérable, elle ressemble à la vieille théorie astronomique qui plaçait notre petit globe au centre de l'univers. S'il existe un autre monde, on a de la peine à croire que ses habitants passent le plus clair de leur temps à s'occuper de nous, les uns pour nous faire du mal, d'autres pour nous faire du bien. Le professeur William Romaine Newbold, à une séance qui eut lieu le 19 juin 1895, demande à George Pelham ce qu'il faut penser de cette théorie de Stainton Moses.

Le Prof. Newbold. — L'âme emporte-t-elle avec elle dans sa nouvelle vie ses appétits et ses passions animales ?

George Pelham. — Non pas, certes. Eh ! quoi ! mon bon ami ! vous, un homme instruit, vous devez comprendre que, s'il en était ainsi, notre monde serait décidément bien matériel.

Le Prof. Newbold. — William Stainton Moses, dans ses écrits, affirme que l'âme emporte avec elle toutes ses passions et tous ses appétits, et qu'elle ne s'en débarrasse que très lentement.

George Pelham. — Cela est complètement faux.

Le Prof. Newbold. — Et que les âmes des méchants planent sur la surface de la terre, poussant les pécheurs à leur propre destruction.

George Pelham. — Ce n'est pas vrai ; je dis : Ce n'est pas vrai. Je crois m'y entendre et j'insiste : Ce n'est pas vrai. L'état de l'âme après la mort est affecté par sa vie terrestre ; mais les pécheurs ne reviennent pas pécher sur la terre.

Le résultat de ces dénégations fut que l'on pria George Pelham de retrouver Stainton Moses et de le prier de venir communiquer lui-même.

Voici un fragment du dialogue entre le professeur Newbold et Stainton Moses désincarné :

Le Prof. Newbold. — Vous avez enseigné que les mauvais esprits entraînent les pécheurs à leur propre destruction.

W. S. Moses. — Depuis que je suis ici, je me suis aperçu qu'il n'en est pas ainsi. Cette assertion qui m'a été donnée par mes esprits-guides, alors que j'étais dans le corps, est fausse (1).

Le Prof. Newbold. Vous avez dit aussi que l'âme emporte avec elle ses passions et ses appétits.

W. S. Moses. — Cela est également faux : je m'en aperçois maintenant. Nos pensées ici ne sont pas les mêmes que celles que nous avions dans le corps.

Donc les enseignements de George Pelham diffèrent sur ce point de ceux de Stainton Moses. Mais, dit le professeur Newbold, en général ils concordent assez bien.

Maintenant, quand nous arriverons dans cet autre monde, il est certain que nous serons complètement désorientés tout d'abord, car tout ce que nous considérons ici-bas comme les conditions *sine qua non* de l'existence semble y faire défaut. Les esprits disent qu'ils ne perçoivent pas la matière, qui est pour eux comme inexistante. Ici, la science actuelle soutient qu'en dehors

---

(1) A une autre séance, W. S. Moses dit que cette idée était tellement ancrée dans son esprit qu'il la développa, persuadé qu'il la devait à ses esprits-guides.

de la matière mue par l'énergie, il n'existe rien. Ce serait étrange si la science de demain venait à démontrer que la matière n'est qu'une sorte d'illusion temporaire de l'esprit. Ici nous ne concevons rien en dehors de l'espace et du temps. Les esprits semblent n'avoir de l'espace et du temps qu'une notion très confuse. D'abord, ils l'affirment sans cesse ; ensuite, si par exemple on leur demande depuis combien de temps ils sont morts, ils sont généralement incapables de le dire. Dans les communications, ils racontent souvent au présent des actions faites depuis très longtemps. J'ai dit ailleurs qu'on avait plusieurs fois demandé à George Pelham d'aller surveiller les actions de personnes absentes et de venir ensuite les raconter : il y a réussi généralement, mais il a aussi commis l'erreur curieuse de prendre le passé pour le présent. En voici un exemple. On lui dit d'aller voir ce que fait dans le moment Mme Howard absente. Il revient et le raconte. Le Dr Hodgson interroge Mme Howard par lettre. Voici une phrase de la réponse :

« Cher Monsieur Hodgson, je n'ai rien fait de tout cela aujourd'hui ; mais j'ai fait tout cela hier après-midi et avant-hier soir. »

Il est probable que George Pelham avait lu dans l'esprit de Mme Howard et que, dans son incapacité d'apprécier le temps, il avait pris le passé pour le présent.

Il semble en être, pour les esprits, de l'espace

comme du temps. Phinuit, pour obliger le professeur Newbold, va à la recherche de Stainton Moses. Phinuit prétend habiter une « vaste sphère » ; il prétend aussi que Stainton Moses en habite un endroit très éloigné. Néanmoins, il le ramène presqu'aussitôt. Quand on présente au médium des objets de nature à attirer les soi-disant esprits avec lesquels on veut communiquer, ceux-ci le plus souvent arrivent aussitôt, en quelqu'endroit qu'ils soient morts : John Hart, mort à Naples, communique deux jours après à Boston. Cependant, il est à présumer que les esprits ne sont pas là à nous attendre. Mais, si la sympathie ou l'antipathie peuvent hâter ou retarder leur apparition, en revanche ce que nous appelons, nous, la distance, ne semble les gêner en aucune façon. Cependant on trouve à chaque instant dans les communications des phrases comme celles-ci : « Chaque jour je m'éloigne de vous davantage », « je suis maintenant très loin de vous. » Mais il ne faut probablement pas entendre ces phrases-là au propre. Ils s'éloignent de nous au fur et à mesure qu'ils progressent dans la voie spirituelle, au fur et à mesure aussi sans doute que les choses d'ici-bas occupent moins de place dans leur souvenir.

Les esprits nous voient ; mais ils ne voient pas notre corps, puisqu'ils ne perçoivent pas la matière. Ils voient notre propre esprit : seulement il leur apparaît plus ou moins obscur, tant qu'il est dans le corps. « C'est par la partie spirituelle de votre être que je vous vois, dit George Pelham, que je puis vous suivre et vous dire de temps en temps ce que vous faites. »

Et notre vie, à nous, quelle idée en ont-ils ? Voici un passage des communications de George Pelham qui nous l'apprendra : « Souvenez-vous que nous aurons toujours nos amis dans la vie du rêve. Cette vie nous attire aussi longtemps que nous avons des amis dormant dans le monde de la matière. Votre vie est plutôt pour vous ce que nous comprenons comme le sommeil. Vous nous apparaissez comme enfermés dans une prison. »

Le professeur Hyslop avait une sœur jumelle qui mourut en bas âge. Elle envoie à son frère un court message et lui dit : « Je vis pendant que vous continuez à rêver. Êtes-vous au moins heureux dans la vie du rêve ? »

Ainsi donc notre vie actuelle ne serait qu'un sommeil accompagné de rêves, lesquels sont parfois d'affreux cauchemars. S'il en est ainsi, nous ne pouvons que souhaiter l'aube et le réveil. Souhaitons d'entendre bientôt le chant du coq, qui met en fuite les fantômes de la nuit. Mais, hélas! que nous serions donc heureux d'avoir la certitude qu'il en est ainsi !

Cela me rappelle un superbe passage d'un poète espagnol, que je ne puis résister au plaisir de citer :

« Vivre, c'est rêver ; l'expérience m'enseigne que l'homme rêve ce qu'il est, jusqu'au jour du réveil. Le roi rêve qu'il est roi, et il vit dans cette erreur, donnant des ordres, disposant de la vie et des biens.

« Le riche rêve sa richesse qui lui donne tant de soucis. Le pauvre rêve la pauvreté et la misère dont il souffre. Bref, tous, nous rêvons ce que nous sommes. Moi, je rêve que je suis ici chargé de chaînes, et autrefois j'ai rêvé que j'étais heureux. Nos rêves ne sont que des rêves dans un rêve. »

Notre monde serait donc comparable à la caverne dont nous parle Platon dans le VIIe livre de *la République*. Dans la conversation entre le Dr Hodgson et George Pelham, conversation où ce dernier promit que, s'il mourait le premier et se trouvait encore jouir d'une existence, il ferait tout ce qu'il pourrait pour nous révéler cette existence, ils se servirent de cette vieille allégorie platonicienne. Dans les communications, il y fut fait allusion, et cela m'autorise à la résumer brièvement.

Platon imagine des prisonniers enchaînés dès leur naissance dans une caverne obscure, de telle façon qu'ils ne peuvent ni se remuer ni tourner la tête et ne peuvent regarder que droit devant eux. Derrière les prisonniers et au-dessus d'eux sont allumés de grands feux. Des hommes vont et viennent entre les flammes et les prisonniers portant dans leurs mains des statues, des images d'animaux, des plantes et beaucoup d'autres objets. Les ombres de ces hommes et des objets qu'ils portent sont projetées sur la paroi de la caverne qui est en face des prisonniers. Ceux-ci ne connaissent rien du monde extérieur que ces ombres qu'ils prennent pour la réalité, et ils passent leur temps à discuter sur ces ombres, à les mesurer par la pensée, à les cataloguer.

L'un des prisonniers est enlevé à son triste séjour et transporté dans le monde extérieur. D'abord la lumière l'éblouit, et il ne distingue rien. Mais ensuite, avec le temps, sa vision s'adapte au milieu, et il lui est donné d'admirer les beautés de la nature. Ramené dans la caverne et enchaîné de nouveau au milieu de ses compagnons, il prend part à leurs discussions : il s'efforce de leur faire comprendre que ce qu'ils prennent pour des réalités ne sont que des ombres. Mais eux, fiers de leurs longues méditations, le tournent en dérision. La même chose arriverait à l'âme qui irait pour un temps vivre dans le monde spirituel, pour être ensuite ramenée dans le monde matériel.

Quand le prisonnier de Platon est ramené de nouveau dans la caverne, ses yeux, qui ont perdu l'habitude de la demi-obscurité, ne distinguent plus rien pendant un certain temps. S'il est interrogé sur les ombres et sur les objets qui l'entourent, il ne les voit pas, et ses réponses sont pleines de confusion. Peut-être est-ce quelque chose d'analogue qui arrive aux désincarnés qui essayent de se manifester à nous en empruntant l'organisme d'un médium. C'est ce que George Pelham nous donne à entendre. C'est ainsi qu'il explique l'incohérence, la confusion et même les assertions fausses de beaucoup de communiquants. « Pour nous mettre en communication avec vous, nous devons pénétrer dans votre sphère, nous endormir comme vous : voilà pourquoi nous commettons des erreurs, voilà pourquoi nous sommes troublés et incohérents. Je ne suis pas moins intelligent qu'autrefois, au contraire ; mais les difficultés de communiquer sont grandes. Je vois toutes choses bien plus clairement qu'au temps où j'étais emprisonné dans le corps ; mais, pour me manifester à vous, pour essayer d'aider au progrès de la science, je dois m'enfermer dans cet organisme et y rêver, pour ainsi dire. C'est pourquoi il ne faut pas considérer mes dires avec l'œil du critique ; il faut me pardonner mes erreurs et mes lacunes. »

George Pelham nous dit aussi comment nous pouvons appeler les esprits de qui nous désirons des communications : « Vos pensées m'atteignent ; pour que je vienne et que je me manifeste, il faut que vous pensiez à moi. » Il ajoute ailleurs que, non seulement les communications ne sont nuisibles ni au communiquant ni aux consultants, mais encore qu'elles sont désirables.

Le Dr Hodgson demande à une autre occasion ce que devient le médium pendant la trance.

GEORGE PELHAM. — Son corps éthéré sort de son corps physique, comme votre corps éthéré sort de votre corps physique pendant votre sommeil. Soyez sans inquiétude à son sujet : elle passe d'agréables instants.

LE D' HODGSON. — Quelques-unes des difficultés de communiquer ne viendraient-elles pas de ce que le cerveau du médium est habitué à ses façons de penser?

GEORGE PELHAM. — Non, ce n'est pas cela ; mais la matière solide appelée cerveau est difficile à manier, simplement parce qu'elle est matière. Le médium laisse son cerveau vide, pour ainsi dire. Alors moi ou bien un autre esprit, nous nous emparons de ce cerveau vide, et c'est alors que les difficultés commencent pour nous. »

Tout ce qui précède est fort peu intelligible dans l'état actuel de nos connaissances. Mais voici un autre passage qui est bien moins intelligible encore et qui, par sa naïve ingéniosité, suggérerait l'idée d'une fraude au moins inconsciente. George Pelham dit à son ami James Howard, à la première séance qu'eut ce dernier : « Votre voix, Jim, je la distingue avec son accent et ses particularités. Mais elle m'arrive comme le son lointain d'un gros tambour. La mienne sonnerait à votre oreille comme le murmure le plus faible (1).

(1) Cela nous semble étrange, puisque les esprits prétendent percevoir directement la pensée et communiquer entre

JAMES HOWARD. — Notre conversation serait quelque chose comme une conversation par téléphone ?

GEORGE PELHAM. — Précisément.

JAMES HOWARD. — Entre deux stations très éloignées?

George Pelham rit.

Comprenne qui pourra ! Ne sont-ce là que des figures ? On ne sait que penser.

Une autre chose qui n'est pas facile à comprendre, c'est la « faiblesse » dont se plaignent de souffrir les esprits, surtout vers la fin des séances. George Pelham dit même : « Il ne faut pas exiger de nous ce qui précisément nous manque, la force. » Si les esprits veulent dire que la « lumière » du médium s'affaiblit et ne leur fournit plus le je ne sais quoi dont ils ont besoin pour communiquer, pourquoi ne s'expriment-ils pas plus clairement ?

On trouvera peut-être que j'ai insisté un peu trop longuement sur ce que j'ai appelé la philosophie de George Pelham. J'ai cru devoir le faire, et il n'y a pas d'inconvénient, du moment que je laisse un chacun libre d'en prendre ce qu'il veut. Je souhaite que ce soient des vérités, parce que si notre vie actuelle n'a pas de lendemain, elle

eux sans organes vocaux. Cependant nous trouvons dans les comptes rendus des séances du médium Stainton Moses des cas où les communiquants parlent directement, mais d'une voix si faible, qu'en prêtant l'oreille la plus attentive, on distingue à peine quelques mots d'une phrase.

est la plus grosse absurdité de ce monde absurde. Je voudrais que Shakespeare se fût trompé quand il a dit de la vie de l'homme :

« La vie est un conte raconté par un insensé, plein de bruit, de gestes furieux et sans aucune signification. »

Je voudrais qu'il n'en fût pas ainsi, mais il me faut des preuves.

CHAPITRE XII

William Stainton Moses. — Ce que George Pelham pense de lui. — Comment Imperator et ses aides ont remplacé Phinuit.

Pour ceux de mes lecteurs qui ne connaissent pas la littérature spirite, et afin de faciliter l'intelligence de ce qui va suivre, je crois devoir donner rapidement quelques traits de la vie du médium anglais William Stainton Moses. Il naquit en 1839 et mourut en 1892. Il étudia à Oxford et fut ensuite pasteur à Maughold, près de Ramsay, dans l'île de Man. Là il conquit l'affection de tous les paroissiens par sa grande charité. Une épidémie de petite vérole ayant fait fuir même les médecins, il resta fidèle à son poste, soignant les corps et consolant les âmes. Mais à Maughold il était astreint à un travail au-dessus de ses forces, d'autant plus que sa santé fut toujours précaire. Il obtint une autre cure, dont les devoirs étaient moins pénibles, celle de Saint-George, à Douglas, dans la même ile de Man. C'est à Douglas qu'il se lia d'amitié avec le Dr Stanhope Speer, amitié que la mort seule devait rompre. Bientôt une affection grave de la gorge lui interdit d'aborder la chaire, et il résolut de quitter le sacerdoce pour se livrer à l'enseignement. Il vint à Londres et fut pendant un an l'hôte de son ami le Dr Speer, qui s'y était retiré. Enfin, au commencement de 1871, il obtint le poste de professeur d'anglais à l'*University College School,* et il y resta jusqu'à 1889.

Jusqu'en 1870, William Stainton Moses ne sut rien du spiritisme. S'il en avait entendu parler vaguement, il s'était sans doute hâté de flétrir cette superstition nouvelle, qui enlevait des ouailles à son troupeau ; car il est à remarquer que tous les ministres de toutes les religions qui divisent notre pauvre humanité flétrissent du nom de superstition grossière tout ce qui ne fait pas partie de leur propre corps de doctrines ; chacun d'eux se croit illuminé du soleil de la vérité, alors que tous ceux qui ne professent pas ses opinions errent dans les ténèbres du mensonge. Donc, en 1870, Mme Speer, malade, ayant gardé la chambre pendant trois semaines, avait lu le livre de Dale Owen, *Terre contestée.* Ce livre l'intéressa, et elle pria W. Stainton Moses de le lire à son tour. Il le fit, mais uniquement pour faire plaisir à la femme de son ami. Néanmoins il fut intrigué et voulut savoir ce qu'il y avait de vrai dans tout cela. Il alla chez des médiums et y entraîna le Dr Speer : tous les deux se convainquirent bientôt qu'une force inconnue était en jeu.

C'était l'époque où les phénomènes du spiritisme occupaient beaucoup l'opinion aux États-Unis et en Angleterre, l'époque où, de toutes parts, on demandait aux corps savants d'en finir une fois pour toutes avec ces fantasmagories. Mais, fait irritant, toutes les commissions scientifiques qui étaient nommées et qui partaient, persuadées qu'en une séance elles dévoileraient tous les « trucs », revenaient d'un air penaud confirmer la réalité des phénomènes. C'était l'époque où le fantôme matérialisé de Katie King se montrait et parlait à de nombreux spectateurs, venus d'un peu partout. William Crookes put le voir et le photographier tant qu'il lui plut ; insouciant de la sottise ambiante, il publia ce qui lui semblait être la vérité.

Aussitôt cet homme, dont le cerveau avait été jusqu'alors considéré comme l'un des plus lucides et des mieux organisés qu'ait produits l'humanité, baissa fortement dans l'estime de ses contemporains. Mais l'avenir le vengera sans doute.

La famille Speer et Stainton Moses se mirent donc à cette époque-là à organiser des séances entre eux. Presqu'aussitôt, Stainton Moses se révéla médium d'une puissance extraordinaire.

Or ni lui ni personne n'avait soupçonné cette médiumnité jusqu'à ce jour. Beaucoup d'autres médiumnités sont apparues avec la même soudaineté, en essayant. Cela prouve qu'il existe peut-être chez ceux d'entre nous qui s'y attendent le moins des facultés précieuses pour l'étude de ces problèmes troublants.

Les phénomènes physiques qui se produisaient en présence de Stainton Moses étaient très nombreux et très variés. On en distingue d'au moins dix sortes :

1° Coups frappés, tantôt faibles, tantôt capables d'ébranler la chambre où se tenaient les séances.

2° Messages typtologiques, c'est-à-dire obtenus au moyen des coups frappés ; ces messages étaient parfois très longs.

3° Lueurs et lumières diverses : les unes n'étaient visibles que pour quelques assistants ; d'autres étaient visibles pour tous ; elles traversaient les corps opaques, et, chose étrange, on pouvait les suivre du regard à travers ces corps, comme s'ils avaient été transparents. Ces lumières ne rayonnaient pas, c'est-à-dire ne dissipaient pas l'obscurité ambiante.

4° Les parfums les plus subtils et les plus délicieux étaient répandus à profusion sur les vêtements et sur la tête des assistants. Ce qui prouve l'objectivité de ces parfums, c'est qu'il en restait souvent sur le parquet et qu'un jour Mme Speer en reçut dans un œil : elle en souffrit beaucoup et longtemps.

5° Les soi-disant communiquants produisaient les sons musicaux les plus divers, et chacun s'annonçait par un son particulier.

6° De l'écriture directe, c'est-à-dire produite sans l'intervention d'aucune main visible, par un crayon ou une mine de plomb se mouvant seule sur une feuille de papier, fut souvent obtenue.

7° Les phénomènes de lévitation étaient fréquents.

8° Fréquents aussi étaient les exemples de passage de la matière à travers la matière.

9° On entendait des voix matérialisées, si je puis m'exprimer ainsi, c'est-à-dire émanant directement de l'esprit ; mais elles furent toujours faibles et indistinctes.

10° Stainton Moses en transe prononça souvent des discours censés émanés d'esprits désincarnés. La voix changeait avec chaque nouveau communiquant.

Tous ces phénomènes physiques semblent avoir été authentiques. On a toutes raisons de croire que la fraude n'y fut pour rien. Frédéric Myers a exposé ces raisons dans les *Annales de la Société pour les Recherches psychiques* : j'y renvoie le lecteur.

J'ai rappelé ces phénomènes parce qu'ils ne peuvent pas être dus à la subconscience de Stainton Moses, et ils prouvent mieux que les communications qu'il nous a laissées une intervention extérieure. Le recueil de ces communications le plus connu est intitulé : *Enseignement des Esprits*. C'est un long dialogue entre de soi-disant esprits désincarnés et Stainton Moses. J'oubliais de dire que Stainton Moses écrivait aussi automatiquement sans être à l'état de trance : les *Enseignements des Esprits* entre autres furent obtenus de cette manière. Le médium est encore saturé de son éducation théologique ; il discute, il ergote, et ses esprits-guides ou contrôles lui montrent l'absurdité de la plupart de ses croyances. Mais les arguments que ceux-ci présentent n'ont rien qu'une raison saine ne puisse trouver en elle-même. Nous savons que, vers le temps où la médiumnité se révéla chez Stainton Moses, sa robuste foi de jadis commençait à être ébranlée par le doute. Si on ne tenait pas compte des phénomènes rappelés plus haut, on serait tenté, non sans raison, de ne voir dans ces dialogues que le fruit d'un dédoublement de personnalité : d'une part, la personnalité du pasteur défendant pied à pied ses doctrines ; d'autre part, la personnalité de l'homme raisonnable qui se fait à lui-même des objections.

Les soi-disant esprits-guides de Stainton Moses formaient un groupe uni obéissant à un chef, qui se donnait à lui-même le titre d'Imperator. Les sous-ordres d'Imperator étaient Rector, Doctor, Prudens. Naturellement, ils prétendaient être les âmes d'hommes ayant vécu sur la terre ; les noms ci-dessus étaient des noms pris pour la circonstance ; leurs vrais noms avaient été révélés à Stainton Moses, qui les écrivit sur un de ses carnets de notes, mais se refusa toujours à les publier. Je prie le lecteur de noter ce détail, qui deviendra important tout à l'heure.

Stainton Moses avait un tempérament d'apôtre, mais pas du tout un tempérament de savant. Le contenu des messages l'intéressait beaucoup plus que l'origine de ces mêmes messages. Ancien pasteur, il aimait mieux ergoter sur un texte ténébreux que d'accumuler patiemment des faits en se prémunissant de toutes les façons possibles contre la fraude. Certes, il était d'une scrupuleuse honnêteté ; jamais un mensonge n'a passé consciemment ses lèvres ; mais son tempérament rendait avec raison ses interprétations suspectes. Il fut l'un des premiers membres de la Société pour les Recherches psychiques ; mais les méthodes que la Société adopta dès le début n'eurent pas le don de lui plaire : il croyait pour sa part les preuves déjà surabondantes, et il ne voyait pas l'utilité de peser si méticuleusement un si grand nombre de petits faits.

Le fils du Dr Speer, dont Stainton Moses avait été le maître, vante son jugement, sa modestie, son inépuisable charité. Modeste, il le fut, et il ne songea jamais à tirer vanité des phénomènes miraculeux qui s'opéraient en sa présence ; jamais il ne songea à faire de sa médiumnité une chose vénale. S'il publia des communications, il ne publia presque pas de comptes rendus des phénomènes. C'est Frédéric Myers qui publia ces comptes rendus d'après les carnets de notes de la famille Speer et de Stainto. Moses lui-même. Ces notes concordent, bien que prises séparément et sans dessein de les publier.

Le fils du Dʳ Speer affirme que Stainton Moses ne refusa jamais de discuter et ne dédaigna jamais un contradicteur. Mais, d'autre part, Frédéric Myers, qui le connaissait bien, nous assure qu'il supportait mal la contradiction, qu'elle l'irritait vite. La façon dont il se retira de la Société pour les Recherches psychiques tendrait à démontrer que c'est Myers qui a raison. Le fils du Dʳ Speer, sur ce point, dans sa reconnaissance pour son ancien maître, aurait mal vu.

Voici maintenant pourquoi j'ai cru devoir donner ce long préambule sur Stainton Moses. A une séance qui eut lieu le 19 juin 1895, le professeur Newbold, s'entretenant avec George Pelham, en obtenait l'énonciation de doctrines qui contredisaient celles données par Stainton Moses dans son *Enseignement des Esprits*. Le professeur Newbold demande alors :

— « Connaissez-vous Stainton Moses ?

George Pelham. — Non, pas beaucoup. Pourquoi ?

Le prof. Newbold. — Avez-vous su jadis qui il était et ce qu'il avait fait?

George Pelham. — Non, j'ai simplement idée de l'avoir rencontré ici.

Le prof. Newbold. — Et que vous a-t-il dit?

George Pelham. — Rien de spécial, simplement qu'il était Stainton Moses. Je suis allé à sa recherche pour E... (1) et pour Hodgson.

Le prof. Newbold. — L'avez-vous dit à Hodgson?

George Pelham. — Je ne crois pas. »

A la séance du lendemain, le professeur Newbold revint à la charge.

— « Pouvez-vous nous amener Stainton Moses?

George Pelham. — Je ferai de mon mieux.

Le prof. Newbold. — Est-ce un esprit très avancé?

George Pelham. — Non, pour sûr que non. Il lui faudra encore de longues réflexions.

Le prof. Newbold. — Que voulez-vous dire?

George Pelham. — Voyons! Avez-vous oublié ce que je viens de vous exposer?

Le prof. Newbold. — Sur la nécessité pour l'esprit de se repentir pour avancer?

George Pelham. — Justement.

Le prof. Newbold. — Stainton Moses n'était-il pas un homme de bien?

(1) E... est un communiquant dont il a déjà été question dans une séance rapportée dans un chapitre précédent.

George Pelham. — Si, mais il était loin d'être parfait.

Le prof. Newbold. — N'était-ce pas un véritable médium ?

George Pelham. — Si, c'était un véritable médium, il avait beaucoup de « lumière » ; mais il commit un grand nombre d'erreurs et se trompa souvent lui-même. »

Phinuit, dépêché à la recherche de Stainton Moses, finit par l'amener. George Pelham met les consultants en garde contre la confusion et l'incohérence des communications de Stainton Moses.

— « Quand il sera là, dit George Pelham, je tâcherai de le réveiller.

Le prof. Newbold. — Quoi ! Est-il donc endormi ?

George Pelham. — Oh ! Billie (1), vous êtes stupide par moments ! Je n'entends pas par là le réveiller d'un sommeil matériel comme le vôtre.

Le prof. Newbold. — Ni moi non plus.

George Pelham. — Bien. En ce cas, mon vieil ami, ne gaspillez pas de la « lumière ».

Le prof. Newbold. — Je ne veux pas gaspiller de la « lumière » ; mais je suis bien forcé de chercher à comprendre ce que vous voulez dire.

George Pelham. — C'est bien aussi ce que je veux.

---

(1) Nom familier pour William.

Le prof. Newbold. — Voilà déjà trois ans que Stainton Moses est désincarné. Voulez-vous dire que son esprit est encore troublé et confus ?

George Pelham. — Non.

Le prof. Newbold. — Voulez-vous dire que le fait de s'approcher du médium replongera son esprit dans le trouble et la confusion ?

George Pelham. — Précisément, et c'est à cela que je fais allusion quand je dis que j'essayerai de le réveiller. »

Ces passages explicatifs seraient précieux si on était sûr qu'on n'a pas affaire à une personnalité seconde de Mme Piper.

Plus tard encore, George Pelham revient sur la confusion probable de Stainton Moses et sur la nécessité de prendre certaines précautions pour obtenir des communications claires. Il ne s'était pas trompé. Ces séances où Stainton Moses était le soi-disant communiquant doivent être rangées parmi celles qui rendent difficile l'admission de l'hypothèse spirite. Tous les renseignements exacts qui furent donnés se trouvaient dans l'esprit des assistants ; tout le reste fut faux. Stainton Moses avait un moyen excellent de prouver son identité. Nous avons dit qu'il avait écrit les noms réels de ses anciens « esprits-guides » ou « contrôles » sur un de ses carnets de notes. Au moment où ces séances avaient lieu en Amérique, Frédéric Myers, en Angleterre, compulsait ces carnets pour en publier ce qu'il jugerait convenable. Il connaissait ces noms, mais il était, je crois, le seul au monde à les connaître. On dit à Stainton Moses : « Donnez-nous les noms de vos esprits-guides ; ce sera une preuve superbe. Myers les connaît, mais nous ne les connaissons pas. Nous les lui enverrons, et, s'il y a concordance, nous ne pourrons plus raisonnablement douter de votre identité. » Le soi-disant Stainton Moses sembla comprendre parfaitement ce qu'on lui demandait : il donna des noms ; mais ces noms se sont trouvés entièrement faux.

En octobre 1896, le Dr Hodgson fit comprendre à George Pelham la nécessité d'obtenir de Stainton Moses des renseignements exacts et précis, afin de résoudre le problème qui semblait tenir à cœur autant à George Pelham qu'au Dr Hodgson. Stainton Moses prétendit alors qu'il allait demander l'aide de ses anciens esprits-guides. Ceux-ci communiquèrent directement à plusieurs reprises, en novembre et en décembre 1896, et en janvier 1897. Mais ensuite ils demandèrent que la « lumière » du médium fût mise à leur disposition exclusive. Imperator expliqua que ces expériences inconsidérées avec, pour communiquants, toutes sortes d'esprits plus ou moins évolués et plus ou moins troublés, avaient fait de Mme Piper en tant que médium une « machine » usée, incapable de servir utilement. Lui, Imperator, et ses aides pourraient la remettre en état avec le temps. Mais il fallait qu'ils eussent le droit d'en écarter tous les communiquants qu'ils jugeraient susceptibles de la détériorer à nouveau. Le Dr Hodgson fit comprendre à Mme Piper, revenue dans son état normal, l'importance qu'il y aurait à tenter cette nouvelle expérience. Mme Piper, toujours docile, y consentit. La dernière apparition de Phinuit eut lieu le 26 janvier 1897. Autrefois Phinuit avait dit : « On me critique beaucoup, on ne veut pas comprendre que je fais tout ce que je peux ; mais, quand la voix du Dr Phinuit ne se fera plus entendre, on le regrettera. » Eh bien ! non ! on ne le regrette pas. Que les contrôles Imperator, Rector, Doctor et Prudens soient ce qu'on voudra, depuis que, de l'autre côté, ils dirigent les communications, celles-ci ont acquis une cohérence, une netteté et une exactitude inconnues auparavant ; l'erreur est rare, le mensonge évident inconnu. D'autre part, l'entrée en trance elle-même a changé d'aspect. Autrefois Mme Piper semblait se débattre plus ou moins péniblement : elle avait des contorsions violentes, des mouvements spasmodiques ; aujourd'hui, elle entre en trance doucement, comme si elle s'endormait.

Si vraiment Mme Piper en trance n'est qu'un automate, une « machine », dont on se sert pour communiquer entre deux mondes, il est bien évident que de ce côté-ci comme de l'autre il y a intérêt à avoir des hommes honnêtes et expérimentés. Phinuit ne manquait peut-être pas d'expérience, mais il manquait sûrement d'honnêteté ; ou peut-être ne se rendait-il pas bien compte du degré extrême d'importance que la véracité a en ces matières ; il ne mentait pas pour le plaisir de mentir, mais il n'hésitait pas, le cas échéant, à se tirer d'embarras par un mensonge.

Ce qu'est la nouvelle phase de la médiumnité de Mme Piper, le rapport du professeur Hyslop, que je vais sommairement analyser, nous l'apprendra. Les résultats sont déjà beaux. Néanmoins, Imperator prétend que la « machine » est encore en réparation et qu'on obtiendra plus tard des résultats plus merveilleux encore.

CHAPITRE XIII

Le professeur Hyslop et les journalistes. — Les prétendus « aveux » de Mme Piper (1). — Précautions prises par le professeur Hyslop pendant ses expériences. — Physionomie actuelle des séances.

Le dernier rapport que nous ayons sur les phénomènes qui accompagnent la trance de Mme Piper est celui du professeur James Hervey Hyslop, professeur à l'Université de Columbia, New-York. Ce rapport a paru en novembre dernier. Avec les procès-verbaux des séances, les notes, les commentaires du consultant, la discussion des hypothèses, l'exposé d'expériences faites à l'Université pour éclaircir certains points, ce rapport a 650 pages d'un texte fin et serré. Il ne se réfère cependant qu'à seize séances, dont la première eut lieu le 23 décembre 1898. Mais le moindre incident comme le moindre argument,

---

(1) Voir aussi le *post-scriptum*, à la fin du volume.

tout est scrupuleusement pesé. Bref, c'est un travail d'une portée considérable.

Le professeur James Hyslop est un esprit d'une sincérité absolue et d'une grande lucidité. On a plaisir à le suivre au milieu de cette foule de faits et d'arguments : tout est méticuleusement classé, et une haute intelligence illumine le tout. C'est à bon droit que le professeur Hyslop occupe aux États-Unis une place éminente parmi les travailleurs de la pensée. En dehors de ses cours, il fait de nombreuses conférences qui sont très suivies.

Le rapport qu'il vient de publier était attendu depuis longtemps. Homme en vue et s'occupant depuis plusieurs années de recherches psychiques, les journalistes fureteurs d'Outre-Atlantique n'avaient pas tardé à savoir qu'il avait expérimenté personnellement avec Mme Piper. On l'*interviewa* : il fut prudent et se contenta de renvoyer les reporters à l'étude des rapports précédemment publiés sur le même cas. Mais les reporters ne peuvent pas se contenter ainsi ; ils ont à satisfaire un maître exigeant, le public, qui veut tout savoir, qui cesserait tout simplement d'acheter la feuille assez naïve pour lui dire : J'ai fait tous mes efforts pour vous renseigner sur ce point, mais je n'ai pas pu y réussir. De cette honnêteté-là, le public ne veut pas ; mais, si on lui sert un mensonge, il ne s'en fâche pas, d'abord parce que sur le moment il ignore que c'est un mensonge, ensuite parce que, quand il l'apprend, d'autres sujets le préoccupent davantage. Par conséquent, comme il faut vivre, les journalistes sont parfois forcés de mentir. Les reporters mirent donc dans la bouche du professeur Hyslop ces paroles sensationnelles : « Avant un an je me fais fort de démontrer scientifiquement l'immortalité de l'âme. » Lesdites paroles furent reproduites par la plupart des journaux américains et par un bon nombre de journaux anglais. Les publications spéciales, en France, les relevèrent à leur tour. On comprend après cela avec quelle impatience tous les hommes qui s'occupaient d'études psychiques attendaient ce rapport. Ont-ils été déçus? Non. Le professeur Hyslop est trop modeste pour avoir des prétentions aussi démesurées: il sait bien que le grand problème ne sera pas ainsi résolu tout d'un coup ni par un seul homme. « Je ne me fais fort, dit-il, de rien démontrer scientifiquement, pas même les faits que je présente. » Voilà une phrase dont le ton ne ressemble pas du tout à celui de la déclaration qu'on lui a prêtée. Mais, s'il n'a pas démontré scientifiquement et définitivement l'immortalité de l'âme, il a serré le problème de très près, et il a jeté une vive lumière sur plus d'un point. En tous cas, sans le vouloir peut-être, les journalistes lui ont fait une fameuse réclame.

A propos de journalistes, je dois rapporter un autre incident tout récent qui nous intéresse au plus haut point, puisqu'il s'agit cette fois de Mme Piper elle-même. Un rédacteur du *New York Herald* est allé la voir et il a ensuite écrit un article qu'il a pompeusement intitulé: *Les Aveux de Mme Éléonore Piper*. Le texte intégral de cet article n'a pas été reproduit par les journaux européens; mais le *Daily Telegraph*, la *Westminster Gazette*, le *New York Herald* de Paris et quelques autres journaux anglais en ont publié un résumé qui a été télégraphié d'Amérique. Je n'ai pas sous les yeux le texte anglais de ce résumé ; mais j'en emprunte la traduction de la plus grande partie à M. César de Vesme, qui la donne dans le numéro de novembre 1901 de sa *Revue des Études psychiques*. M. de Vesme est un homme de lettres de valeur ; il n'en a altéré ni le ton ni le sens.

Après avoir annoncé qu'elle allait se retirer de la Société pour les Recherches psychiques, Mme E. Piper poursuivit:

« Je n'ai jamais été spirite, à vrai dire ; je ne crois guère que les esprits des morts aient parlé par ma bouche pendant que j'étais en état de trance. Mon état hypnotique a été examiné par des savants à Boston et à Cambridge, et par la Société anglaise pour les Recherches psychiques, lorsqu'elle me fit venir en Angleterre pour m'étudier.

« Je ne suis pas spirite *et je considère avoir été uniquement un automate*. Bien des incidents curieux se rapportent à mes séances avec la Société. Celle-ci entra en rapport avec moi de la façon la plus simple. Je vivais alors à Boston en qualité de bonne à tout faire. Un jour, je dis à la servante du professeur William James, de l'Université d'Harvard, que je tombais en des sommeils bien bizarres, dans lesquels je disais mille choses étranges.

« Le professeur James exprima immédiatement son désir de me présenter à la Société pour les Recherches psychiques.

« C'est ainsi que commença mon travail. D'abord, lorsque je m'asseyais sur une chaise et que je laissais tomber ma tête renversée en arrière, j'entrais en trance. Cela ne se faisait pourtant pas sans une certaine lutte. Alors, je disais des choses sans suite et je prononçais des phrases françaises détachées. Il faut dire pourtant que j'avais étudié le français pendant deux ans. J'ai été l'un des premiers sujets examinés par la Société.

« Par la suite du temps, un homme de lettres décédé, qu'on appelle Pelham dans les comptes rendus de la Société, se personnifia en moi. Plusieurs de ses amis assurèrent qu'il leur parlait, en se servant de ma voix, ou de mon écriture automatique, pendant que je demeurais en trance.

« Je n'ai jamais su avoir dit quoi que ce soit pendant mon état hypnotique, qui ne pût être latent dans ma mémoire, ou dans celle de la personne qui dirigeait la séance, ou bien encore dans la mémoire de la personne qui cherchait à communiquer, par mon moyen, avec l'Au-delà, ou encore dans la mémoire de n'importe qui parmi les assistants, ou enfin dans la mémoire d'une personne vivant quelque part dans le monde. »

M. de Vesme accompagne ce texte de commentaires aussi mordants que sensés, et le fait est qu'il y prête étrangement.

Et d'abord est-il bien vrai que Mme Piper ait manifesté l'intention de se retirer de la Société pour les Recherches psychiques ? Cela me surprend d'autant plus que Mme Piper n'a jamais fait partie de cette société autrement qu'en qualité de *sujet*. A-t-elle voulu dire que dorénavant elle ne se prêterait plus à ce rôle de sujet ? Elle aurait dit aussi, paraît-il, que son intention était de ne plus accorder de séances à personne. Mais le Dr Hodgson, à qui les mêmes journalistes ont rapporté le propos, a répondu qu'il n'en croyait rien. Cependant il est bien placé pour être renseigné. Si quelque malentendu était survenu, comment le Dr Hodgson l'ignorerait-il ?

Ensuite, il y a dans ce fragment un petit ton méprisant pour elle-même que le reporter doit avoir généreusement prêté à Mme Piper. On ne la voit pas bien parlant ainsi, quelque modestie qu'on lui suppose.

De plus, il y a dans le même passage quelques

affirmations qui prouveraient chez Mme Piper une étrange absence de mémoire. Telle est la façon dont elle est censée rapporter son entrée en relations avec le professeur William James. Il n'y a pas d'altération positive de la vérité ; cependant ce n'est pas tout à fait ainsi que les choses se passèrent. Le lecteur n'a qu'à se reporter à ce que j'ai dit de ces premières relations d'après le professeur William James lui-même.

Une chose témoigne de l'ignorance profonde du rédacteur en question en ce qui concerne les études psychiques. Pour me servir des termes de M. de Vesme, « il s'est imaginé que le fait que Mme Piper déclarait n'être pas spirite constituait une espèce de désastre pour les spirites en général et pour la Société pour les Recherches psychiques en particulier ». Mais, quand un médium se déclare spirite, aussitôt beaucoup d'investigateurs le tiennent pour suspect. Si Mme Piper ne l'est pas, c'est tant mieux ; ainsi on a moins de raisons de supposer qu'elle puise dans la littérature spirite celles des idées émises pendant la trance qui ont une allure philosophique.

Mme Piper déclare encore, toujours d'après le même reporter, que pendant la trance elle n'est qu'un automate. Certes, nous aimons à la croire ; sinon, les phénomènes qu'elle présente ne mériteraient aucune attention. Le premier soin de tous les observateurs a été de vérifier l'authenticité de la trance ; ce sont eux qui, les premiers, ont prononcé ce mot d'automate. Quant aux contrôles, ils se servent d'un mot qui a un sens encore plus précis : ils disent « machine ».

Enfin Mme Piper préfère pour sa part l'hypothèse de la télépathie. C'est son droit. Nombreux sont les membres de la Société pour les Recherches psychiques qui préfèrent encore cette même hypothèse, bien qu'elle nous entraîne peut-être plus loin encore que l'hypothèse spirite. Mais, pour le choix entre les hypothèses, l'avis de Mme Piper ne vaut pas mieux que celui du premier venu, puisqu'elle avoue elle-même que pendant la trance elle n'est qu'un automate, puisqu'il est avéré qu'elle ne connaît des communications que ce qu'elle peut lire dans les procès-verbaux publiés. Elle n'est pas mieux placée que vous ou moi pour avoir une opinion sur ces communications ; et, à coup sûr, elle est moins bien placée que le professeur James, le Dr Hodgson et le professeur Hyslop : elle n'a ni leur éducation scientifique ni leur intelligence.

Donc il n'y a rien dans cet article, dont certains ont cru naïvement écraser la Société pour les Recherches psychiques. Le journaliste en question n'aura fait, sans le vouloir sans doute, qu'une énorme réclame à cette société.

Si Mme Piper nous avait dit comment, pendant plus de quinze ans, elle a pu simuler une trance d'une manière si parfaite que les hommes les plus compétents d'Angleterre et d'Amérique s'y sont trompés ; si ensuite elle nous avait appris où elle puise cette masse énorme d'informations exactes qu'elle a fournis à tant de consultants inconnus d'elle ; alors vraiment Mme Piper aurait fait des aveux, et des aveux intéressants. Elle n'aurait pas cessé d'être un phénomène digne d'être étudié, mais elle aurait été un phénomène d'un autre genre.

Pour moi, je crois que les propos de Mme Piper ont été mal rapportés ; ou bien il faut supposer chez elle quelque dépit dû à des motifs inconnus. Mais on ne fait de la science ni avec des racontars ni avec des propos de femme dépitée. Le savant prend un sujet, il s'entoure de toutes les précautions possibles pour éviter la simulation et la fraude. C'est le savant qu'il faut croire, quoi que le sujet puisse prétendre ensuite.

Mais, si Mme Piper, par hypothèse, donnait lieu encore à des rapports plus probants, si possible, que celui du professeur Hyslop, il ne faudrait pas s'étonner qu'on lui prêtât d'autres aveux plus tendancieux. Si les théories spirites étaient scientifiquement prouvées, cela gênerait beaucoup de monde. Aussi ne manquera-t-il jamais de gens qui retarderont la diffusion de la vérité, en jetant autour d'eux le soupçon : calomniez, il en restera toujours quelque chose.

Je demande pardon au lecteur de cette digression un peu longue : elle ne m'a pas paru inutile. Revenons maintenant au rapport du professeur Hyslop.

Le professeur Hyslop ne fit part qu'à sa femme et au Dr Hodgson de son intention d'avoir des séances avec Mme Piper. Les jours furent fixés, non avec Mme Piper à l'état normal, mais à l'état de trance avec Imperator, le chef des contrôles actuels. Or n'oublions jamais que Mme Piper n'a aucun souvenir de ce qui se passe pendant la trance. Le nom du professeur Hyslop ne fut pas donné à Imperator; le Dr Hodgson le désigna par « l'ami aux quatre séances », parce que le professeur Hyslop avait tout d'abord demandé quatre séances. Ce n'est pas là, j'imagine, ce qu'on peut appeler un pseudonyme transparent.

Le professeur Hyslop avait assisté jadis à une séance de Mme Piper, et son nom avait été prononcé. Bien qu'il n'y eût guère d'apparence qu'elle le reconnût, puisqu'il y avait six ans de cela et que le professeur Hyslop, qui ne portait pas alors la barbe, la porte aujourd'hui, celui-ci se mit un masque, alors qu'il était dans une voiture fermée et à une assez grande distance encore de la maison de Mme Piper. Il garda ce masque pendant les deux premières séances ; cette précaution devint ensuite inutile, puisque le nom de son père avait été prononcé à la fin de la deuxième séance.

Le Dr Hodgson présenta le professeur Hyslop sous le nom de M. Smith, nom qui, du reste, est prêté à tous les nouveaux consultants. Le professeur Hyslop ne parla jamais devant Mme Piper à l'état normal, sauf deux fois, pour prononcer de courtes phrases, et il eut soin de modifier autant que possible le son de sa voix. Pendant toutes les séances, il évita tout contact avec le médium. Les faits rapportés par les communiquants furent le plus souvent obtenus sans questions préalables. Quand le professeur Hyslop dut poser une question, il eut soin de faire en sorte qu'elle ne contînt pas la réponse en elle-même. Pour éviter que, pendant les séances, Mme Piper pût le voir, il se tint toujours derrière son épaule droite, position qui était du reste la plus commode pour lire l'écriture. Mais, si on se souvient que pendant la trance Mme Piper a la tête enfouie dans des oreillers, on trouvera cette précaution superflue.

Ainsi que je l'ai déjà dit dans le précédent chapitre, Phinuit ne paraît plus. Voilà ce qui semble maintenant se passer « de l'autre côté » : Rector se place dans la « machine », et c'est lui qui produit l'écriture automatique. Ce Rector semble avoir une grande expérience de ces phénomènes. Le communiquant vient auprès de Rector et lui parle, quelle que soit la manière dont les esprits parlent. Imperator reste en dehors de la « machine », et il en défend l'accès à tous ceux qui seraient susceptibles de l'abimer ou qui n'ont rien à voir avec le consultant. En outre, avant de permettre à un communiquant de s'introduire dans la machine, il lui donne des conseils sur ce qu'il doit faire, et il l'aide à mettre de l'ordre et de la clarté dans ses pensées.

Les deux autres aides d'Imperator, Doctor et Prudens, n'apparaissent que rarement. George Pelham apparaît aussi quelquefois, quand ses services peuvent être utiles.

Dans les seize séances du professeur Hyslop, les communiquants furent en petit nombre. Ce furent : son père Robert Hyslop, qui donna les communications de beaucoup les plus importantes ; son oncle Carruthers ; son cousin Robert Harvey Mac Clellan ; son frère Charles, mort en 1864 à l'âge de quatre ans et demi ; sa sœur Annie, morte aussi en 1864, à l'âge de trois ans ; son oncle James Mac Clellan, et enfin un autre Mac Clellan, dont le prénom était John.

Robert Hyslop, le père du professeur Hyslop, est le communiquant qui occupe la plus grande partie des séances. Mais il ne peut pas rester longtemps dans la « machine » ; il se plaint vite d'avoir les idées troubles, de suffoquer ou de devenir faible ; il dit, par exemple : « Je me sens tomber en faiblesse, James, je m'en vais un instant, attends-moi. » C'est pendant ces absences de Robert Hyslop qu'Imperator envoie un autre membre de la famille prendre sa place, « afin qu'il n'y ait pas de lumière gaspillée ». Il semblerait donc bien que cette « faiblesse » dont se plaignent les esprits n'est qu'une sensation qu'ils éprouvent quand ils sont depuis un certain temps en contact avec la « machine »; ils ressemblent alors, dit Imperator, à un homme très malade et qui délire. Ainsi s'expliquent ces paroles si surprenantes de George Pelham que nous avons déjà rapportées : « Il ne faut pas nous demander ce qui justement nous manque, la force. » Mais il est indispensable de dire que les communiquants d'autrefois ne s'expliquaient pas suffisamment sur cette faiblesse; ils n'avaient pas non plus généralement la bonne inspiration de se retirer quand ils la sentaient venir.

Enfin, le Dr Hodgson, ayant maintes fois remarqué ce demi-délire des communiquants vers la fin des séances, « alors que la lumière commence à manquer », a pu suggérer aux soi-disant communiquants actuels l'idée de se retirer quand ils se sentent faiblir. La possibilité de cette suggestion est intéressante pour ceux qui pensent que la télépathie est la meilleure hypothèse.

CHAPITRE XIV

Communications de Robert Hyslop. — Particularités d'expression. — Incidents divers.

Quand on a lu attentivement le rapport du professeur Hyslop, quand on a pesé avec lui les moindres faits, quand on a discuté avec lui les arguments pour et contre, on n'est pas surpris qu'il ait fini par se rallier à l'hypothèse spirite ; en d'autres termes, on n'est pas surpris que, malgré ses préventions antérieures, il ait fini par s'écrier : « C'est mon père, ce sont mes frères, ce sont mes oncles, avec lesquels je me suis entretenu ! Quelques pouvoirs supranormaux qu'on accorde aux personnalités secondes de Mme Piper, on me fera difficilement croire que ces personnalités secondes aient pu reconstituer aussi complètement la personnalité morale de mes parents décédés. L'admettre m'entraînerait trop loin dans l'invraisemblable. J'aime mieux croire que ce sont mes parents eux-mêmes à qui j'ai parlé : c'est plus simple. » Voilà à quelles conclusions le professeur Hyslop est arrivé, et voilà à quelles conclusions il entraîne malgré lui son lecteur. Je n'ai pas la prétention, on l'imagine, d'entraîner le mien aussi loin dans un essai rapide comme celui-ci. Ici, comme dans le cas George Pelham, les incidents que je citerai ne sont que des exemples pris au milieu d'un grand nombre ; peut-être même en passant oublierai-je quelque détail important à propos de ces mêmes incidents : si le détail oublié laisse la porte ouverte à quelque objection capitale, le lecteur ne devra en accuser que moi, et il devra se reporter au livre même du professeur Hyslop. Au reste, si mon modeste travail démontre la nécessité de traduire en français cet ouvrage et les autres ouvrages analogues, cela me suffit, et je me considérerai comme amplement payé de ma peine.

Le père du professeur Hyslop, M. Robert Hyslop, était un homme privé dans la plus stricte acception du mot : jamais il ne fit quoi que ce soit qui pût attirer sur lui l'attention publique, jamais il n'écrivit dans les journaux, jamais, ou presque jamais, il ne séjourna dans les villes. Il était né en 1821, et il vécut dans sa ferme de l'Ohio jusqu'en 1889, année où il se transporta dans un État voisin. En août 1896, il revient, malade d'une sorte de cancer au larynx, à son ancienne demeure, qui appartenait alors à son beau-frère James Carruthers, et il y mourut le 29 du même mois. En 1860, à la suite d'un effort, il contracta une affection de la moelle, qui dégénéra, quelques années après, en ataxie locomotrice ; peu à peu il devint incapable de se servir d'une de ses jambes et dut marcher avec une béquille ; puis il y eut une amélioration, mais il ne put jamais marcher sans un bâton. En 1876, il eut une légère attaque d'apoplexie qui laissa une surdité, complète pour une oreille mais incomplète pour l'autre. Trois ans avant sa mort, il eut encore le malheur de perdre la voix, probablement par suite d'une paralysie du larynx. Un an avant sa mort, une nouvelle affliction vint s'ajouter à toutes les autres : il la prit pour un catarrhe, mais ce devait être encore un cancer du larynx ; le mal occasionnait de fréquents spasmes, pendant lesquels on craignait de le voir expirer.

Bref, pendant trente-cinq ans au moins, M. Robert Hyslop fut un malade. Par la force des choses, sa vie se passa dans sa maison et, tout au plus, sur sa ferme. Cette vie fut et devait être sans événements capables d'attirer l'attention d'un étranger. Il n'y avait donc guère possibilité pour le médium de se procurer des renseignements à son sujet par les voies normales. Mais, lorsqu'un homme obscur comme M. Robert Hyslop revient de l'Au-delà établir son identité en citant une foule de petits faits, trop menus et trop peu importants pour avoir été remarqués d'autres personnes que celles de son intimité, cet homme nous fournit une présomption bien plus forte en faveur de la survie que ne pourrait le faire un personnage ayant eu une vie publique. Quand bien même ce dernier ne rapporterait que les incidents de sa vie privée, il serait toujours moins invraisemblable de supposer que le médium a pu se les procurer. Pendant presque toute sa vie, mais principalement pendant les vingt dernières années, les pensées de M. Robert Hyslop roulèrent sur un petit nombre de sujets: sa sollicitude pour les siens, l'administration de sa ferme, qui lui donnait beaucoup de soucis, l'accomplissement de ses devoirs religieux, auxquels ils ne manqua jamais, et enfin les événements politiques qui l'intéressaient beaucoup, parce que, par la force des choses, ils avaient une répercussion sur ses affaires privées. La plupart des faits que je citerai se rapporteront donc à ces quatre catégories de préoccupations.

Mais, auparavant, il est utile d'exposer un point qui caractérise l'individu aussi nettement que les traits du visage : je veux parler du langage. Chacun de nous a son langage particulier, ses expressions familières ; chacun de nous s'exprime d'une façon personnelle dans une circonstance donnée. Quand Buffon a dit : « le style c'est l'homme », il a exprimé une vérité absolue. Lorsque quelqu'un nous parle par le téléphone, sans se nommer, nous disons, sans une ombre d'hésitation : C'est un tel, je le reconnais à son langage.

Cette individualité de l'expression existe chez tout le monde, je le répète ; toutefois elle est moins prononcée chez les hommes instruits. Mais les hommes peu cultivés, principalement lorsqu'ils vieillissent, se servent de locutions stéréotypées ; il en est dont le langage est presqu'exclusivement composé d'aphorismes et de proverbes. Si M. Robert Hyslop n'était pas tout à fait parmi ces derniers, il est néanmoins constant, nous affirme son fils, qu'il se servait d'expressions très particulières et toujours les mêmes dans les cas analogues ; quelques-unes mêmes de ces locutions lui étaient toutes personnelles.

Or, quand il communique par l'intermédiaire de Mme Piper, il se sert du même langage que de son vivant. A tout instant, le professeur Hyslop a l'occasion de remarquer : « Cette expression est tout à fait de mon père ; vivant, dans une circonstance analogue, il ne se serait pas exprimé autrement. » Il y a même un passage des communications tellement caractéristique sous ce rapport qu'il l'est trop : il suggérerait presque l'idée de la fraude. Il est composé à peu près exclusivement des locutions familières à M. Robert Hyslop quand il s'adressait à son fils James. Ce sont les mêmes conseils donnés cent fois pendant sa vie, exactement dans les mêmes termes. Évidemment il y a là des nuances qui échappent à toute traduction ; je donnerai cependant au moins le sens de quelques-uns de ces conseils : « Reste calme, ne te fais pas de mauvais sang à propos de quoi que ce soit, c'est ce que j'avais l'habitude de te dire. Se faire du mauvais sang, ça n'avance à rien. Tu n'es pas des plus robustes, et la santé est importante pour toi. Tâche d'être gai et de demeurer dans ton assiette. Souviens-toi que ça n'avance à rien de se faire du mauvais sang et que la vie sur votre monde est trop courte pour l'employer à se tourmenter. Quand tu n'as pas ce que tu désires, sache-t'en passer, sache te passer même de la santé, mais ne te tourmente pas et surtout ne te fais pas de mauvais sang à mon sujet. Tu m'as toujours été dévoué, et je n'ai jamais eu à me plaindre de toi, excepté à propos de ton tempérament inquiet, et à cela je remédierai. »

Quand un père vous a répété ces mêmes conseils des centaines de fois pendant sa vie et dans les mêmes termes, et quand, après sa mort, il vous les répète encore par l'intermédiaire d'un médium, il est certain qu'on doit avoir de la peine à se dire : « Ce n'est pas lui, ce n'est pas mon père. »

Je voudrais bien rapporter au lecteur le plus grand nombre possible de ces menus faits, qui entraînent presque malgré nous notre conviction. Mais comment faire sans les entourer des indispensables commentaires qui font ressortir toute leur importance ? Ainsi M. Robert Hyslop avait un vieux cheval du nom de Tom, qui avait longtemps et fidèlement servi son maître. Celui-ci ne voulut pas faire abattre son vieux serviteur, devenu par suite de l'âge incapable de travailler. Il le pensionna, pour ainsi dire, et résolut de le laisser mourir de sa belle mort dans la ferme. A une séance, il demande : « Où est Tom ? », et comme James Hyslop ne comprenait pas bien de quel Tom (1) il s'agissait, le communiquant reprend : « Tom, le cheval, qu'est-il devenu ? »

Autrefois, M. Robert Hyslop écrivait avec des plumes d'oie, qu'il taillait lui-même ; il en avait souvent taillé pour son fils James. Il rappelle ce détail des plumes d'oie dans une séance.

M. Robert Hyslop, qui était très chauve, s'était plaint d'avoir froid à la tête pendant la nuit. Sa femme lui fait une calotte noire qu'il mit un petit nombre de fois. A une séance, il parle de cette calotte. James Hyslop, qui était absent de la maison depuis longtemps, n'avait jamais eu connaissance d'une calotte noire quelconque. Mais il écrit à sa belle-mère (2) qui lui confirme l'exactitude du détail.

A une autre séance, le communiquant Robert Hyslop dit que, sur son bureau, il y avait habituellement deux flacons, un rond et un carré. Le professeur Hyslop ignorait ce détail, comme le

---

(1) *Tom*, abréviation de *Thomas*, est un nom d'homme très répandu ; on le donne rarement à des animaux.
(2) M. Robert Hyslop s'était marié deux fois. James Hyslop est un enfant du premier lit.

précédent. Sa belle-mère, questionnée, dut faire un effort de mémoire pour s'en souvenir ; mais son frère se le rappela aussitôt ; la bouteille ronde était une bouteille d'encre ; la bouteille carrée contenait un mucilage.

Une autre fois, Robert Hyslop demande : « Te souviens-tu du canif avec lequel je me faisais les ongles ? — Non, père, pas très bien. — Le petit canif à manche noir, que je mettais d'abord dans la poche de mon gilet, puis que je mis dans la poche de ma veste, tu dois t'en souvenir ? — Est-ce que cela était avant que tu ne partes pour l'Ouest ? — Oui. » Le professeur Hyslop ignorait l'existence de ce canif. Il écrivit séparément à sa belle-mère, à son frère et à sa sœur, et leur demanda si son père avait possédé un canif noir avec lequel il se faisait les ongles, sans leur dire pourquoi il avait besoin du renseignement. Tous les trois répondirent : « Oui, et il existe encore. » Seulement, il paraîtrait que M. Robert Hyslop ne mettait ce canif ni dans la poche de son gilet, ni dans la poche de sa veste, mais dans la poche de son pantalon.

Ces petits faits suffisent comme exemples. Je passe à d'autres plus importants.

M. Robert Hyslop avait un fils qui lui avait, toute sa vie, causé beaucoup de soucis. Souvent il avait fait part de ces soucis à son fils préféré, James ; il était mort, les emportant dans la tombe. A tout instant, dans les séances, il en reparle, exactement comme pendant sa vie : « Te souviens-tu, James, que nous avons souvent parlé ensemble de ton frère et des ennuis qu'il nous a causés? Ne te fais plus de mauvais sang à ce sujet. Tout ira bien à l'avenir, et, si je sais que tu ne te tourmentes plus, je serai content, moi aussi. »

Il se souvient de tous les membres de sa famille ; il les rappelle tous et donne à chacun son nom, sauf deux très curieuses erreurs dont je reparlerai. Il fait allusion à des incidents de la vie et à des traits du caractère de chacun d'eux. Il leur envoie l'expression de son affection : « N'ai-je oublié personne, James, mon enfant? dit-il, je ne voudrais pas oublier qui que ce fût. » Il s'informe tout spécialement de sa dernière enfant, Henriette ; il veut savoir si elle a réussi dans ses examens, et il manifeste sa joie quand il apprend que l'avenir, en somme, sourit à la jeune fille.

M. Robert Hyslop était un calviniste orthodoxe ; il appartenait à la petite secte extrêmement rigide des Presbytériens-Associés qui, en 1858, refusèrent de se joindre à l'Église Presbytérienne Unie. C'était une sorte de fanatique, intransigeant au suprême degré en matière religieuse. Quand il fit donner de l'instruction à son fils James, il caressait l'idée que celui-ci se ferait ministre. Toutefois il n'essaya jamais de faire pression sur son esprit. Mais, quand il vit que ce fils préféré tombait dans la libre pensée, il en fut extrêmoment peiné. Petit à petit, cependant, il en prit son parti. On comprend après cela que les préoccupations religieuses fussent au premier plan de la mentalité de cet homme. Il parlait beaucoup religion avec les siens; il lisait le texte de la Bible et de nombreux commentaires; dans quelques rares occasions, lorsqu'un temple de sa secte était trop éloigné, plutôt que de permettre à sa famille d'aller dans un temple d'une secte moins orthodoxe, il faisait le prêche lui-même, chez lui. Si donc, pendant les séances, il n'avait fait de nombreuses allusions aux incidents de sa vie religieuse d'autrefois, cela aurait pu faire douter sérieusement de son identité. Mais tel n'est pas le cas: à tout instant on rencontre une allusion nouvelle à ses anciennes idées religieuses. Dans l'une des premières séances, il dit, par exemple : « Te souviens-tu, James, de ce que je pensais au sujet de la vie future? Eh! bien! après tout je n'avais pas tellement tort. J'avais la certitude que nous devions avoir une connaissance relative de la vie future; toi, tu en doutais. Tu avais des idées à toi qui n'étaient qu'à toi. » — Cette dernière phrase: Tu as des idées à toi qui ne sont qu'à toi, remarque le professeur James Hyslop, m'avait été répétée maintes fois par mon père de son vivant. Il voulait dire par là que j'étais le seul de ses enfants qui eût versé dans la libre pensée, et cela était vrai. » Les anciennes idées religieuses de Robert Hyslop donnèrent lieu à un incident curieux. Un jour, le Dr Hodgson lui dit : « M. Hyslop, vous devriez chercher mon père et faire sa connaissance. Il avait sur terre des idées religieuses analogues aux vôtres. Je crois que vous vous entendriez très bien, et cela me ferait plaisir. » A une séance suivante, le communiquant dit au Dr Hodgson : « J'ai rencontré votre père : nous avons causé, et nous nous sommes mutuellement beaucoup plu ; mais de son vivant il n'était guère orthodoxe. » Et, en effet, le père du Dr Hodgson était Wesleyen, c'est-à-dire faisait partie d'une secte extrêmement libérale. Mais, ailleurs, Robert Hyslop ajoute : « Ici l'orthodoxie n'a pas grande importance ; j'aurais modifié ma façon de penser sur bien des points, si j'avais pu savoir. » Dans une autre séance, il dit à son fils, faisant allusion à l'hypothèse de la télépathie, qu'il appelait la « théorie de la pensée » : « Laisse de côté cette théorie de la pensée. Moi, j'ai bâti des théories pendant toute ma vie : qu'est-ce que j'y ai gagné ? Cela n'a fait que remplir mon esprit de subtilités et de doutes. » Bref, il paraîtrait que le rigide Calviniste que fut de son vivant M. Robert Hyslop a fortement modifié sa manière de voir depuis qu'il est désincarné.

A la dernière visite que le professeur Hyslop fit à son père, en janvier ou février 1895, une longue conversation s'engagea entre eux sur des sujets philosophiques et religieux. Le professeur Hyslop parla de ses recherches psychiques. On discuta longuement sur la possibilité des communications entre les deux mondes ; il fut question de Swedenborg et de ses ouvrages. Aux séances, Robert Hyslop revient à chaque instant sur cette conversation, qui avait fait sur lui une profonde impression, beaucoup plus profonde qu'on aurait pu s'y attendre, étant données ses idées religieuses. Il rappelle l'un après l'autre les principaux points qui furent discutés entre lui et son fils. Il ajoute : « Tu dois te souvenir que je t'ai promis de revenir à toi après avoir quitté mon corps. Depuis le premier jour, je n'ai cessé d'en chercher l'occasion. » Or, la promesse n'avait pas été faite de cette manière explicite. Mais James Hyslop avait écrit à son père qui était sur son lit de mort : « Mon père, quand tout sera fini, tu t'efforceras de revenir à moi. » A partir de ce moment-là, Robert Hyslop avait dû prendre la résolution de revenir si c'était possible ; et il devait croire qu'il avait fait part de cette résolution à son fils, ce qui n'était pas.

Alors qu'il vivait dans l'Ohio, M. Robert Hyslop avait pour voisin un certain Samuel Cooper. Les chiens de ce dernier tuèrent un jour un certain nombre de moutons appartenant à Robert Hyslop. Il s'ensuivit une brouille qui dura plusieurs années. A une séance, où le Dr Hodgson remplaçait le professeur Hyslop, le consultant posa une question que le professeur

Hyslop lui avait envoyée par écrit. Celui-ci, par cette question, espérait ramener l'attention de son père sur les incidents de sa vie pendant qu'il était dans l'Ohio. La question était : « Vous souvenez-vous de Samuel Cooper et pouvez-vous nous dire quelque chose à son sujet? » Le communiquant répondit : « James veut parler du vieil ami que j'avais dans l'Ouest. Je me souviens très bien des visites que nous nous faisions et des longues conversations que nous avions sur des sujets philosophiques. » A une autre séance, où le Dr Hodgson était encore seul, il revient sur la même idée : « J'avais un ami du nom de Cooper dont l'esprit avait une tournure très philosophique, j'avais pour lui un grand respect. Nous eûmes souvent des discussions amicales, nous échangeâmes des lettres, et j'ai gardé plusieurs des siennes : on doit pouvoir les retrouver. » Un autre jour, le professeur Hyslop étant présent, le communiquant dit encore : « J'essaie de me souvenir de l'école de Cooper. » Le lendemain, il y revient : « Tu m'as demandé, James, ce que je savais de Cooper. As-tu pensé qu'il n'était plus mon ami? J'avais gardé plusieurs de ses lettres; je croyais que tu les avais. » Dans tout cela, le professeur Hyslop ne retrouvait pas trace de Samuel Cooper. Il ne savait qu'en penser. Il posa alors une question directe pour amener son père au sujet qu'il avait dans l'esprit : « Je voulais te demander si tu te souvenais des chiens qui tuèrent nos moutons. — Oh ! parfaitement ! Mais je l'avais oublié. Ce fut là la cause de notre brouille. Mais je n'ai pas pensé à lui tout d'abord parce qu'il n'était ni mon ami ni un parent. Si j'avais compris que c'était de lui que tu voulais me parler, j'aurais fait effort pour me souvenir. Il est ici, mais je le vois peu. » Cet épisode est intéressant. Tout ce que Robert Hyslop a dit à propos de Cooper en premier lieu ne se rapporte en rien à Samuel Cooper, mais cela se rapporte entièrement à un vieil ami de Robert Hyslop, le Dr Joseph Cooper. Robert Hyslop avait eu avec lui en effet de nombreuses discussions philosophiques, et ils avaient correspondu. Le professeur Hyslop avait peut-être entendu prononcer le nom de cet homme ; mais il ignorait entièrement qu'il fût un ami intime de son père. C'est sa belle-mère qui lui apprit ces détails, au cours de l'enquête qu'il fit auprès de ses parents pour éclaircir les incidents des séances obscurs pour lui. On voit que les désincarnés sont capables comme nous de se méprendre.

Mais voici certainement l'incident le plus dramatique. Le professeur Hyslop, se souvenant que son père appelait catarrhe sa dernière maladie, alors que lui, James Hyslop, la prenait pour un cancer du larynx, il posa au communiquant une question calculée pour amener ce nom de catarrhe. Il se servit dans cette question d'un terme à double sens qui n'a pas en francais d'équivalent ayant les deux sens à la fois, ce qui fait que je ne puis pas traduire la question d'une façon intelligible. Ce terme est « trouble ». Il signifie à la fois *affliction physique* et *malentendu*. Ce mot donna lieu, de la part du communiquant, à une curieuse méprise, méprise que l'hypothèse de la télépathie expliquera difficilement. Le communiquant, affligé, répond : « Je ne me souviens pas, James, qu'il y ait eu le moindre *malentendu* entre nous ; il me semblait que nous avions toujours eu l'un pour l'autre la plus vive sympathie. Je ne me souviens pas d'un *malentendu*. Dis-moi donc à quel sujet cela était. Mais tu dois te tromper, c'était avec un autre. — Tu t'es mépris, père, j'ai voulu parler de ta maladie. — Ah ! très bien ! je comprends. Oui, je souffrais de l'estomac. — Ne souffrais-tu pas d'autre chose ? — Oui, de l'estomac, du foie et de la tête. J'avais de la difficulté à respirer. Mon cœur, James, mon cœur me faisait souffrir. Ne te souviens-tu pas avec quelle difficulté je respirais. Et encore je crois que c'était mon cœur qui me faisait souffrir le plus, mon cœur et mes poumons. Il me semblait que quelque chose m'étreignait la poitrine et m'étouffait. Mais à la fin je m'endormis. » Un peu plus loin, il ajoute : « Sais-tu que la dernière chose dont je me souvienne, c'est de t'avoir entendu me parler. Tu fus le dernier qui me parla. Je me souviens très bien d'avoir vu ton visage, mais j'étais trop faible pour te répondre. »

Ce dialogue déconcerta tout d'abord le professeur Hyslop. Il avait cherché à faire dire à son père le nom de la maladie dont celui-ci croyait souffrir : catarrhe. Ce ne fut qu'un peu plus tard, en relisant le procès-verbal de la séance, qu'il s'aperçut tout à coup que son père avait décrit, en termes bien à lui, les dernières heures de sa vie. Une fois de plus il s'était mépris. Le médecin avait constaté une douleur à *l'estomac* à 7 heures du matin ; à 9 heures et demi, les battements du *cœur* devinrent moins sensibles ; peu après, la *difficulté de respirer* devint effrayante, et le moribond expira enfin. En lui fermant les yeux, son fils James Hyslop dit : « Tout est fini », et il fut le dernier à parler. Ce dernier incident semble indiquer que la conscience dure chez les moribonds beaucoup plus longtemps qu'on ne le croit.

Aussitôt après, le professeur Hyslop demanda à son père s'il se souvenait d'une spécialité pharmaceutique qu'il lui avait envoyée de New-York. Le communiquant a d'abord de la peine à retrouver le nom très particulier de cette médecine ; mais, à la fin, il finit par le donner, quoiqu'en en modifiant l'orthographe.

Pendant les quinze premières séances, le professeur Hyslop avait questionné le moins possible et, quand il avait dû le faire, il avait toujours calculé ses questions de manière à ce qu'elles ne continssent pas la réponse. Mais à la seizième et dernière séance, intentionnellement il sortit de cette réserve. Il voulait savoir quel résultat cela produirait, s'il prenait avec le communiquant l'attitude que l'on prend avec un ami en chair et en os. « Le résultat, dit le professeur Hyslop, fut que je causais avec mon père désincarné, avec autant de facilité que si j'avais causé avec mon père vivant par téléphone. Nous nous comprenions à demi mot, comme dans une conversation ordinaire. » On parla de tout, d'une haie que Robert Hyslop songeait à faire réparer peu de temps avant sa mort, des impôts qui n'avaient pas encore été payés quand il mourut, des soucis que lui avaient causés deux de ses enfants, dont l'un ne lui avait jamais donné beaucoup de satisfaction et dont l'autre était un invalide, de l'élection de Mac Kinley à la présidence et de beaucoup d'autres choses encore.

Est-ce à dire qu'il n'y eut pas dans toutes ces séances quelques assertions inexactes de la part du communiquant? Il y en eut quelques-unes, mais très peu. J'en parlerai dans le chapitre suivant. En tout cas, on chercherait en vain dans ces seize séances une seule fausseté intentionnelle.

CHAPITRE XV

Encore l' « influence ». — Autres incidents. Statistique des faits.

Ici, je crois devoir revenir sur ce fait, surprenant quelle que soit l'hypothèse à laquelle on donne la préférence : l'utilité de présenter au médium des objets ayant appartenu à la personne dont on veut obtenir des prétendues communications. Phinuit autrefois prétendait retrouver sur ces objets l' « influence » des décédés, et cette « influence » était d'autant plus forte et plus nette que ces objets avaient été portés plus longtemps et qu'ils avaient passé par un moins grand nombre de mains ; les « influences » diverses, en se superposant, semblent s'atténuer mutuellement. J'ai dit que nous ignorions totalement la nature de cette « influence » ; mais j'ai dit aussi qu'on pouvait supposer sans invraisemblance qu'elle consistait en des vibrations laissées par nos pensées et nos sentiments sur les objets matériels. Quoi qu'il en soit, Phinuit semblait lire cette « influence » et y puiser la plupart des renseignements qu'il fournissait. Le plus souvent, malgré ses affirmations contraires, il ne semblait pas du tout en relation directe avec les prétendus communiquants. Depuis la disparition du régime Phinuit et depuis l'apparition du régime Imperator, la présentation de menus objets est également utile : il est juste de dire qu'à aucun moment elle n'a été indispensable et que souvent des communiquants sont apparus que n'attirait aucune « influence ». Mais aujourd'hui les renseignements obtenus semblent être beaucoup moins une lecture de l'« influence »; on a beaucoup plus la sensation de la présence réelle des communiquants. Alors à quoi servent les menus objets que l'on présente ? Ni les contrôles ni les communiquants n'ont expliqué le fait, et c'est bien regrettable. Voilà ce que l'analogie permet de supposer. Je me mets à mon tour à bâtir des hypothèses ; j'obéis à cet instinct de l'esprit humain qui nous pousse à rattacher les faits entre eux, à les expliquer quand même. C'est là une tendance qui n'est pas sans danger : souvent nous édifions ainsi de beaux systèmes, en apparence très harmonieux, et qui néanmoins ne représentent nullement la vérité. Tout ce qu'on y gagne, c'est de perdre ensuite beaucoup de temps et d'énergie pour détruire ces systèmes, une fois qu'ils ont été adoptés par le grand nombre.

Mais, je le répète, la tendance de l'esprit humain à l'édification de ces systèmes est tellement grande qu'on peut difficilement s'en défendre, et, en somme, ils ne sont dangereux que lorsqu'on affirme qu'ils sont l'exacte représentation de la vérité. Ils sont à peu près sans inconvénient quand on les donne pour ce qu'ils sont et pour ce qu'ils valent : de pures créations hypothétiques de notre esprit. Mais revenons à notre sujet. Les esprits ne perçoivent pas la matière ; mais, en revanche, ils perçoivent objectivement la pensée. « C'est évidemment par l'esprit que je vous vois, disait George Pelham, et que je puis de temps en temps vous raconter ce que vous faites. » Quand ils sont dans la « lumière » du médium, il semble bien qu'ils distinguent les phénomènes et les formes de la matière, mais très vaguement. Ce qu'ils perçoivent le mieux encore, c'est tout ce qui se rapporte à une pensée ou à un sentiment : c'est ainsi qu'ils liraient très distinctement l'« influence », qui pour nous est inexistante. Sous le régime actuel, les menus objets semblent surtout utiles pour « retenir » le communiquant, pour l'empêcher de s'éloigner et pour maintenir une certaine cohésion dans ses pensées. A tout instant, Rector dit en parlant du communiquant : « Donnez-moi quelque chose pour le retenir et pour éclaircir ses idées. » Or imaginez le communiquant plongé dans une atmosphère lourde qui, en peu de temps, lui donne une sorte de délire, plongé dans un brouillard intense, au milieu duquel les formes des objets lui apparaissent très indistinctes. Pour ne pas s'égarer, pour rester à l'endroit voulu, il a besoin d'un point de repère, et ce point de repère lui serait fourni par l'« influence » laissée par lui sur un objet lui ayant beaucoup servi, « influence » qu'il perçoit et reconnaît beaucoup plus distinctement que tout le reste. D'après les paroles de George Pelham, on peut supposer qu'il perçoit aussi l'esprit des communiquants; mais cet esprit est emprisonné dans la matière et fortement obnubilé par elle : le communiquant, surtout quand il commence à délirer, ne reconnaît bien l'esprit du consultant que lorsque cet esprit fonctionne activement, si je puis m'exprimer ainsi, lorsqu'il pense et surtout lorsqu'il pense au communiquant. C'est pourquoi, à chaque instant, quand le communiquant s'aperçoit que ses idées deviennent confuses, il dit au consultant, d'un air de reproche : « Oh! pourquoi ne parlez-vous pas? Dites-moi quelque chose, aidez-moi ! Vous voulez que je travaille pour vous; mais vous ne voulez rien faire pour moi. » Le cousin décédé du professeur Hyslop, Robert Mac Clellan, lui dit, par exemple : « Parle-moi, pour l'amour de Dieu, aide-moi à t'atteindre ! » Les passages analogues sont très nombreux.

Ceci dit, je reviens au rapport du professeur Hyslop. Pendant ses séances, le communiquant le plus important après son père fut son oncle Carruthers, dont le nom fut toujours estropié, sans doute par Rector, l'intermédiaire, et donné sous la forme *Clarke* ou *Charles*. Cet oncle était mort vingt jours seulement avant la première séance. A sa première communication, il s'inquiète de sa femme Élisa, sœur de Robert Hyslop, que sa mort avait laissée désolée : « C'est moi, James, dit-il au consultant, donnez l'expression de mon amour à Élisa, dites-lui de ne pas s'abandonner au découragement : elle ira bientôt mieux. Je la vois souvent se désespérer. » Le professeur Hyslop demande : « Pourquoi a-t-elle du chagrin ? — Mais parce que je l'ai quittée. Seulement, en réalité, je ne l'ai pas quittée. Si je pouvais vous dire tout ce que je voudrais, vous comprendriez bientôt que je ne suis pas parti entièrement. Vous la consolerez, n'est-ce pas ? Il ne faut pas la laisser dans l'isolement. — Oui, je la réconforterai. — Oh ! j'en suis si heureux, si heureux ! » A ce moment-là le professeur Hyslop ne se doutait pas que sa tante se trouvât dans un isolement si complet et qu'elle fût si profondément désespérée. Il ne l'apprit qu'en s'informant.

Je citerai encore un autre incident des communications de « l'oncle Carruthers », parce que cet incident porte en lui une telle apparence de vie et de réalité qu'il est parmi ceux que l'hypothèse de la télépathie n'expliquera jamais d'une façon satisfaisante. M. Carruthers s'aperçoit tout à coup de la présence du Dr Hodgson, et il dit : « Vous n'êtes pas un fils de Robert Hyslop, n'est-ce pas, vous n'êtes pas George (1) ? » Le Dr Hodgson répond : « Non, je ne suis pas George. — Oui, James, vous, je vous reconnais très bien, mais cet autre... ? (S'adressant de nouveau au Dr Hodgson :) — « Connaissez-vous les garçons de mon beau-frère ? Me connaissez-vous ? »

Je ne citerai plus qu'un des incidents de ces intéressantes séances. Le communiquant, cette fois, est le frère du professeur James, Charles, mort en 1864 à l'âge de quatre ans et demi. La dernière enfant de Robert Hyslop était née bien longtemps après sa mort : « James, je suis ton frère Charles, je suis heureux ; donne l'expression de mon affection à ma nouvelle sœur Henriette. Dis-lui que je ferai sa connaissance quelque jour. Notre père me parle souvent d'elle. » Un peu plus loin vient cette phrase curieuse : « Notre père, James, tiendrait beaucoup à ce que tu eusses en ta possession les peintures qu'il possédait, *si tu es encore dans le corps*, James. » Comme le fait remarquer le professeur Hyslop, cette dernière phrase est extrêmement curieuse : elle laisserait supposer un état intermédiaire entre celui dans lequel nous nous trouvons, nous

---

(1) Prénom d'un frère de James Hyslop.

les hommes incarnés, et celui dans lequel se trouvait Charles Hyslop, le communiquant, au moment de la communication. Ce Charles Hyslop, à ce moment-là, était mort depuis trente-cinq ans environ : il avait donc eu largement le temps de franchir cet hypothétique état intermédiaire. Mais alors comment se trouvait-il en même temps en compagnie de son père ?

J'ai dit qu'il y avait eu quelques allégations inexactes, mais en très petit nombre. J'en citerai deux, se rapportant aux noms propres.

Le nom de famille de « l'oncle Carruthers » ne put jamais être donné d'une façon exacte. Il fut toujours appelé Charles ou Clarke ou Clarake. Il y a en anglais entre ces mots : Charles, Clarke, Carruthers, une ressemblance de prononciation beaucoup plus grande que l'orthographe ne permettrait à un Français de le supposer. L'erreur est donc attribuable à Rector, à qui ce nom Carruthers n'était pas familier.

L'autre erreur est plus curieuse encore, quoiqu'on puisse toujours l'attribuer à Rector. La seconde femme de Robert Hyslop s'appelait Marguerite ; en anglais la forme familière de ce nom est Maggie. Or, bien qu'il fût impossible de se méprendre sur la personne lorsque Robert Hyslop parlait de sa femme, jamais le nom de Maggie ne put venir exactement. Le professeur Hyslop demeura longtemps sans rectifier le nom : il voulait attendre que le communiquant s'aperçût de l'erreur et le rectifiât de lui-même : mais cette rectification spontanée n'eut pas lieu. Enfin, on voulut en avoir le cœur net, et le D¹ Hodgson expliqua que le nom de la belle-mère du professeur Hyslop n'avait pas été donné. Rector, ne comprenant pas bien, céda sa place à George Pelham, qui commença par rabrouer assez vertement les consultants : « Pourquoi ne nous dites-vous pas tout nettement : Donnez-moi le nom de ma belle-mère, au lieu de jeter la confusion dans l'esprit du communiquant par un tas de questions à côté ? Sacrebleu ! je me souviens de la confusion dans laquelle vous m'avez jeté moi-même autrefois, et je ne veux pas que ça recommence. Je m'en vais m'informer, et, si votre belle-mère a un nom, vous l'aurez ! » George Pelham sortit de la « machine » et revint peu après, en disant : « Je ne vois pas pourquoi vous vous faites tant de mauvais sang au sujet de *Marguerite*. » Marguerite était bien le nom demandé ; mais on se serait attendu à l'obtenir sous sa forme la plus usuelle, Maggie. Cependant il est tout à fait compréhensible que Robert Hyslop n'ait pas donné à un étranger, comme George Pelham, le nom de sa femme sous la forme que ce nom prenait dans l'intimité.

Pendant que le professeur Hyslop rédigeait son rapport, nombre de ses amis, qui étaient au courant de ses recherches, lui demandaient quelle était la proportion de vérité et d'erreur qu'il avait rencontrée dans ces manifestations. Cette question souvent répétée lui suggéra l'idée de dresser des tableaux où cette proportion apparaîtrait au premier coup d'œil. Du reste, cette sorte de statistique ne devait pas manquer d'importance aux yeux de certaines gens qui se croient beaucoup plus forts que les autres et qui vous disent : « Moi, voyez-vous, je ne me rends que devant l'éloquence des chiffres. » Ces gens-là ne se rendent pas compte que les bataillons de chiffres sont comme les bataillons d'hommes et n'ont pas toujours toute la force qu'on leur suppose.

Le professeur Hyslop prit donc tous les « incidents » ou allégations faites par les communiquants, et il les classa suivant la quantité de vérité ou d'erreur qu'elles contenaient. Il subdivisa ensuite les incidents en facteurs. Je vais donner un exemple qui m'aidera ensuite à définir ce que le professeur Hyslop entend par *incident* et par *facteur :* « Ma tante Suzanne a visité mon frère. » Voilà un incident, ou l'énonciation d'un fait complet en lui-même. Cet incident est composé de quatre facteurs qui ne se supposent pas l'un l'autre. Le premier est *ma tante*, le second *qui a nom Suzanne*, le troisième *a visité*, le quatrième *mon frère*. On peut donc définir *l'incident* un nom, une conception ou une combinaison de conceptions formant un tout indépendant ; ce peut être encore une combinaison de faits formant un tout indépendant dans l'esprit du communiquant. Les *facteurs* seront les faits, les noms, les actions ou les événements qui ne se suggèrent pas forcément les uns les autres, ou qui ne sont pas nécessairement suggérés par un nom ou par un fait donné.

Naturellement, dans des tableaux constitués avec ces données, on ne peut pas classer les faits d'après leur importance en tant que preuves ; on ne peut considérer qu'une chose, s'ils sont vrais ou faux. Ainsi des incidents qui, en tant que preuves, n'ont qu'une valeur restreinte, tiennent autant de place que d'autres qui en eux-mêmes ont une valeur probante très grande. Et c'est bien là le point faible de ces statistiques. Les preuves demandent à être examinées une à une et non pas en bloc.

Cependant ces tableaux ont un avantage : il suffit d'y jeter un coup d'œil pour que l'homme le plus sceptique ne puisse plus invoquer le hasard, ce grand *Deus ex machinâ* que les ignorants ou les indolents invoquent sans cesse.

Le professeur Hyslop a dressé un tableau pour chaque séance, puis un tableau d'ensemble pour toutes les séances. Je ne saurais reproduire ces tableaux qui n'intéresseraient pas le lecteur, puisqu'ils n'ont pas les procès-verbaux des séances sous les yeux ; j'en donnerai uniquement les résultats définitifs.

Donc, sur 205 incidents, il y en a 152 qui ont

été reconnus entièrement exacts, 37 qu'il n'a pas été possible de déterminer, et 16 seulement qui ont été reconnus faux. Sur 927 facteurs composant ces incidents, 717 sont exacts, 167 sont indéterminés, et 43 sont faux.

Et encore le professeur Hyslop aurait pu faire aux incidents faux et indéterminés une part moins large qu'il ne l'a faite.

Plusieurs incidents ou facteurs classés comme indéterminés ou faux ont été reconnus exacts. En outre, on aurait pu omettre les incidents d'une nature transcendantale et, partant, invérifiables. Mais une fois encore on a mieux aimé faire la part aussi large que possible aux faits faux et douteux.

Que les lecteurs tirent de ces résultats la conclusion qui leur semblera la meilleure !

CHAPITRE XVI

Examen de l'hypothèse de la télépathie. — Quelques arguments qui rendent son admission difficile.

J'ai déjà dit en passant tout ce qu'il fallait entendre par le mot *télépathie*. Je vais le répéter, parce qu'il est nécessaire que le lecteur l'ait bien présent à l'esprit, étant donné que je vais dans ce chapitre examiner cette hypothèse et chercher si elle couvre bien tous les faits qui nous occupent. Par télépathie, il faut entendre ici la lecture par les personnalités secondes de Mme Piper, non seulement dans la conscience et dans la subconscience des personnes assistant à la séance, mais encore la lecture dans la conscience et dans la subconscience d'autres personnes se trouvant à ce moment-là quelque part ailleurs sur terre, n'importe où, la distance n'augmentant en aucune façon la difficulté de la lecture. C'est là, on le voit, une hypothèse vaste et grandiose, s'il en fut. Et, cependant, si on rejette absolument l'hypothèse spirite, il n'y en a pas d'autre qui puisse couvrir tous les faits.

Les arguments que je vais esquisser et d'autres encore sont longuement développés dans l'ouvrage du professeur Hyslop. Je ne reviendrai pas sur ceux que les circonstances m'ont amené, dans le cours de ce travail, à exposer d'une façon suffisamment nette.

Et d'abord, quelle est l'origine de cette hypothèse de la télépathie? Ya-t-il, dans l'expérimentation directe ou dans les observations des psychologues officiels, des faits suffisamment nombreux pour l'autoriser? Non, si nous devions ne tenir compte que de l'expérimentation directe et des observations de la psychologie officielle, cette hypothèse de la télépathie, telle que nous devons la comprendre, serait à peu près sans bases. En réalité, cette hypothèse est basée sur notre ignorance : on peut l'admettre temporairement parce que nous ignorons les pouvoirs latents de l'esprit humain, et parce que nous avons toutes raisons de croire que ces pouvoirs latents sont grands et nombreux. Je crois que le premier usage étendu de cette hypothèse a été fait dans le livre fameux de Gurney, Myers et Podmore, *les Fantômes des Vivants*, auquel le traducteur français a donné le titre d'*Hallucinations télépathiques*. L'hypothèse de la télépathie pouvait très bien être admise pour l'explication des faits rapportés dans cet ouvrage, quoique l'hypothèse spirite puisse expliquer ces mêmes faits aussi bien ou mieux encore. Mais, quand nous considérons d'autres faits, ceux qu'on observe dans la trance de Mme Piper, par exemple, cette hypothèse de la télépathie doit s'étendre, pour les expliquer, au delà des limites permises.

D'abord, en ce qui concerne la lecture dans la conscience des assistants, si nous avions affaire à la télépathie, il semblerait que le soi-disant communiquant devrait le plus souvent exposer les faits auxquels le ou les consultants viennent de penser activement. Or il n'en est presque jamais ainsi. Dans les séances du professeur Hyslop, il n'en a jamais été ainsi. Sans doute, il a été rapporté beaucoup d'incidents qui étaient dans la conscience du ou des consultants, mais le ou les consultants n'y pensaient pas avant que le communiquant ne les leur eût rappelés.

Dans le même ordre d'idées, il semblerait, si nous avions affaire à la télépathie, que les soi-disant communiquants devraient toujours être ceux auxquels on s'est attendu. Or il est loin d'en être ainsi. Pendant les quinze années que la médiumnité de Mme Piper a été étudiée, un nombre très grand de communiquants sont apparus soudain, auxquels personne ne songeait. Le professeur Hyslop, entre autres, dit qu'en ce qui le concerne, il a eu plusieurs communiquants qu'il n'attendait en aucune manière. D'autres, au contraire, qu'il attendait, ne sont pas apparus. Fait digne de remarque : dans ces séances du professeur Hyslop, ne sont apparus que ceux qui étaient susceptibles de dire quelque chose de nature à prouver leur identité ; les autres semblent avoir été systématiquement écartés par Imperator, même lorsque les renseignements à leur sujet abondaient dans la conscience et la subconscience du consultant.

Si nous avions affaire à la télépathie, il semblerait que les soi-disant communiquants devraient émettre avec plus de facilité les idées qui sont moins lointaines dans la conscience des consultants : les idées proches, vivaces devraient apparaître les premières. Or, tel n'est pas le cas, tant s'en faut. Que l'idée soit proche ou lointaine dans l'esprit des vivants, ceci ne semble avoir aucune influence sur le communiquant.

Quand il s'agit de faits entièrement inconnus du ou des consultants, et connus seulement de personnes vivant à une grande distance, cette distance devrait jusqu'à un certain point contrecarrer la lecture télépathique ; aucune analogie dans la nature ne nous autorise à négliger cette distance. Nous ne pouvons concevoir le processus télépathique que comme une diffusion d'ondes à travers l'espace ; ces ondes devraient s'atténuer avec la distance : le contraire est absolument incompréhensible. Or c'est ce qui n'arrive pas : le fait rapporté par le communiquant a beau n'exister que dans l'esprit d'une autre personne se trouvant à ce moment-là à l'autre extrémité de la terre, cela ne nuit en rien à la précision des détails. On voudrait peut-être trouver une analogie entre la télépathie, telle qu'il faudrait la concevoir pour expliquer les phénomènes qui nous occupent, et la télégraphie sans fil : on considérerait dans ce cas Mme Piper en trance comme un simple appareil enregistreur des ondes télépathiques. Mais cette analogie n'existe pas ; la télégraphie sans fil est loin de pouvoir négliger la distance ; en outre, l'appareil enregistreur a besoin pour fonctionner qu'un autre appareil émette activement des ondes spéciales. Dans les phénomènes de trance de Mme Piper, lorsqu'il est rapporté un fait qui n'est connu que d'une personne éloignée, rarement cette personne éloignée pensait, à ce moment-là, activement à ce fait, qui gisait inaperçu dans les couches profondes de sa conscience. Quand les expérimentateurs font leur enquête après les séances, il faut le plus souvent un effort de mémoire à cette personne pour se rappeler le fait en question.

Je crois qu'il sera sage de réfléchir avant d'accorder à la télépathie un pareil pouvoir d'omniscience, indépendant de toutes les lois connues.

Une autre constatation qui s'élève fortement contre l'hypothèse télépathique, c'est la constatation d'un choix fait par le communiquant entre les incidents. Si nous avions affaire à la télépathie, les personnalités secondes du médium devraient se méprendre quelquefois, faire des bévues, rapporter des faits que le soi-disant communiquant n'a jamais pu connaître, mais que le consultant connaît très bien et connaît seul. Or cela n'arrive jamais. Les faits rapportés sont toujours communs au moins à deux consciences, celle du communiquant et celle du consultant, ou celle du communiquant et celle d'une personne éloignée. Les inexactitudes ne s'élèvent pas contre cet argument ; si ces inexactitudes sont des mensonges voulus, ils prouvent simplement que le communiquant est un menteur, non qu'il est une simple personnalité seconde de Mme Piper. Si les faits rapportés sont invérifiables, cela ne prouve pas qu'ils soient inexacts.

Si l'hypothèse télépathique est l'expression de la vérité, il faut supposer à la télépathie un pouvoir presque infini. Cette supposition est indispensable pour rendre compte des faits. Alors comment comprendre les confusions et les erreurs des communiquants ? Comment un pouvoir infini peut-il à certains moments paraître si limité, si fini, alors que rien dans les circonstances n'a changé ? Mais, au contraire, les lapsus de mémoire, les confusions s'expliquent très bien par l'hypothèse spirite : on ne peut raisonnablement admettre qu'un changement aussi grand que celui occasionné par la mort se produise sans troubler quelque peu l'esprit, au moins temporairement, et sans atténuer fortement certains groupes de souvenirs qui, dans le nouveau milieu, n'ont plus aucune utilité pratique.

De tout temps, mais principalement durant les séances du professeur Hyslop, le changement de communiquant a été fréquent. A tout instant, M. Robert Hyslop dit à son fils : « James, je me sens tomber en faiblesse, je me retire un instant, attends-moi, je vais revenir. » Et, aussitôt, apparaît un nouveau communiquant. L'hypothèse de la télépathie ne peut pas expliquer ce fait : il semblerait tout naturel que le communiquant fût toujours le même. Il faut, pour comprendre, superposer à l'hypothèse de la télépathie une autre hypothèse, celle d'une suggestion de la part du consultant. Au contraire, ce fait s'explique on ne peut mieux par l'hypothèse spirite, bien que nous soyons obligés de compter avec les complications qu'introduit l'admission de l'existence d'un autre monde.

Un autre fait qui s'accommode mal de l'hypothèse télépathique, c'est l'existence de soi-disant intermédiaires entre le consultant et le communiquant. Autrefois l'intermédiaire le plus ordinaire était Phinuit ; puis George Pelham vint collaborer avec Phinuit ; dans les séances du professeur Hyslop et, je crois, dans toutes les séances actuelles, depuis l'instauration du régime Imperator, cet intermédiaire est Rector.

C'est lui qui préside au fonctionnement de la
« machine », parce que, disent les communiquants,
il a une compétence toute spéciale. Ces intermédiaires sont des caractères bien définis et bien
vivants. Phinuit, George Pelham, Rector se ressemblent aussi peu que possible. Qu'est-ce qui
a pu, dans l'hypothèse télépathique, déterminer leur création? Les personnalités secondes
de Mme Piper devraient incarner directement
le communiquant. Pour comprendre cette reconstitution éphémère d'une conscience à jamais
disparue, il faut admettre que les éléments épars
de cette conscience se sont temporairement groupés autour d'un point de repère dans la personnalité seconde de Mme Piper. On voit alors combien peu compréhensible est la présence des
intermédiaires. Mais, au contraire, si on admet le
bien-fondé de l'hypothèse spirite, on doit avouer
que ces intermédiaires donnent sur leur présence
des explications très plausibles.

Encore un argument très fort, à mon sens,
contre l'hypothèse télépathique. Les sujets à
l'état hypnotique et les personnalités secondes
qui se créent dans cet état hypnotique, d'après
les expériences très précises et très concluantes
qu'a faites la science moderne, ont une conscience
extraordinairement nette du temps. Dites à un
sujet à l'état d'hypnose de faire une action dans un
an, à telle heure, à telle minute, il n'y manquera
pour ainsi dire jamais, bien qu'à son réveil il ne

subsiste aucune trace de l'ordre dans sa mémoire normale. Or les communiquants, dans les phénomènes qui nous occupent, ont du temps une notion extrêmement vague, parce que le temps n'est pas une conception du monde où ils vivent. Comment la télépathie, qui peut tant de choses, s'avouerait-elle incapable ou à peu près de déterminer le moment précis où une action s'est faite ou se fait? Qu'est-ce qui empêche de lire la notion du temps dans l'esprit des vivants aussi nettement que n'importe quelle autre, puisque cette notion y est pour le moins aussi claire et aussi précise ?

Maintenant, en terminant, je dois dire que nous ignorons entièrement où commencent et où finissent les pouvoirs de la télépathie. Ce que j'ai dit jusqu'à présent tend à rendre cette hypothèse invraisemblable ; mais le vrai peut quelquefois n'être pas vraisemblable, a dit notre vieux Boileau Despréaux.

CHAPITRE XVII

Considérations appuyant fortement l'hypothèse spirite. — La conscience et le caractère restent identiques. — L'action dramatique. — Les erreurs et les confusions.

Parmi les raisons qui militent fortement en faveur de l'hypothèse spirite se trouve tout d'abord l'unité de conscience et de caractère chez les communiquants. Si nous avions affaire à des personnalités secondes de Mme Piper, en premier lieu on ne comprendrait pas que ces personnalités secondes fussent en aussi grand nombre. Je n'ai pas idée du nombre exact de communiquants qui ont prétendu se manifester au moyen de son organisme. Mais dans les *Annales de la Société pour les Recherches psychiques* on en trouve plusieurs centaines et, certes, ils sont loin d'y être tous. Or tous ces communiquants ont toujours conservé le même caractère, au point que, avec un peu d'habitude, on peut reconnaître le communiquant dès la première phrase qu'il prononce, s'il a déjà tant soit peu communiqué. Certains des communiquants n'apparaissent qu'à de longs intervalles ; néanmoins, ils sont bien toujours les mêmes. Or, avec l'hypothèse de la télépathie, il n'est pas facile de comprendre qu'un soi-disant communiquant, qui ne serait qu'une reconstitution éphémère d'une conscience, au moyen des souvenirs épars dans la conscience des vivants, il n'est pas facile de comprendre, dis-je, que cette reconstitution puisse s'opérer à de longs intervalles, tout à coup, souvent sans aucune cause apparente, et toujours avec les mêmes caractères.

L'unité de conscience et de caractère est surtout visible chez les contrôles, c'est-à-dire chez ceux des communiquants qui sont apparus sans interruption pendant de longues années, parce qu'ils servaient d'intermédiaire aux autres, parce qu'ils mettaient leur expérience au service des inexpérimentés. Si l'on ne peut pas raisonnablement admettre que les communiquants de passage ne sont que des personnalités secondes du médium, cette impossibilité doit s'étendre aux contrôles. Ou bien tous les communiquants sans exception sont des personnalités secondes, ou bien aucun d'eux n'est une personnalité seconde; car tous présentent la même intensité de vie et de vérité: si ce sont des personnalités secondes, la science n'en a pas encore étudié de pareilles.

J'ai déjà esquissé à grands traits le caractère de Phinuit, caractère qui ne s'est jamais démenti, qui est resté toujours semblable à lui-même pendant plus de douze ans. Le lecteur doit avoir aussi une idée assez exacte du caractère de George Pelham : ce caractère a présenté la même constance ; encore aujourd'hui, quand George Pelham apparaît, on retrouve en lui le même homme.

Le caractère des contrôles actuels est plus tranché encore, et il n'est pas moins constant. Aucun de ceux qui ont communiqué jusqu'à ce jour par l'intermédiaire de Mme Piper n'a ressemblé même de loin à Imperator et à ses aides. Les principaux traits du caractère d'Imperator sont : un sentiment religieux sincère et profond, beaucoup de sérieux et de gravité, une grande bonté, une infinie pitié pour l'homme incarné, à cause des innombrables misères de cette vie de ténèbres et de chaos ; avec cela, un tempérament impérieux : sur ce point, il s'est bien peint lui-même en prenant le pseudonyme d'Imperator : il commande et il veut être obéi, mais il ne veut que le bien. Les autres esprits qui gravitent autour de lui et que nous connaissons : Rector, Doctor, Prudens, George Pelham, lui témoignent un profond respect.

Ce caractère d'Imperator est bien celui que nous trouvons dans les ouvrages de Stainton Moses. Ceux qui ne veulent à aucun prix de l'hy-

'pothèse spirite pourront prétendre que c'est là que Mme Piper est allée prendre ce caractère. Elle doit connaître tout au moins l'ouvrage dont nous avons déjà parlé : *Enseignement des Esprits*. Quand on essaya de communiquer avec Stainton Moses et qu'on obtint des communications pleines d'incohérences et de faussetés, le Dr Hodgson, voulant connaître, au cas où nous aurions affaire à des personnalités secondes, l'influence que pourrait avoir sur la personnalité seconde s'intitulant Stainton Moses la connaissance des ouvrages de celui-ci par la personnalité normale de Mme Piper, le Dr Hodgson, dis-je, apporta un exemplaire des *Enseignements des Esprits* à celle-ci. Elle le lut, du moins il y a tout lieu de le supposer; mais le résultat fut nul et n'eut aucune influence sur le soi-disant communiquant Stainton Moses. Néanmoins, je le répète, on peut prétendre avec vraisemblance que c'est là que Mme Piper a pris le caractère d'Imperator. Mais alors où a-t-elle pris les autres caractères ?

Imperator et ses aides se servent toujours du style biblique, style qui est très particulier en anglais. Au début des séances, le plus souvent Imperator écrit directement, ou dicte à Rector, qui la reproduit, une prière. Voici un exemple de ces prières :

« Père saint, nous sommes avec Toi dans tous Tes desseins, et nous recourons à Toi en toutes choses. Nous Te prions de nous accorder Ton amour et d'avoir soin de nous. Répands Tes bénédictions sur cet homme (1), Ton semblable. Aide-le à devenir tout ce que Tu veux qu'il soit. Apprends-lui à marcher dans les sentiers de la droiture et de la vérité. Il a besoin de Ton amour et de Tes soins en tout. Apprends-lui à faire Ta sainte volonté, et nous laissons tout le reste entre tes mains. Si tu ne prends soin de nous, nous sommes en vérité abandonnés. Veille sur lui. Guide ses pas et conduis-le vers la vérité et la lumière. Père, nous te prions d'ouvrir les yeux aux mortels aveuglés, afin qu'ils apprennent à mieux Te connaître, Toi, Ton amour et Ta sollicitude. »

On retrouve dans ces prières le pathos de tous les pasteurs anglicans. Mais il y a une expression qui revient dans beaucoup d'entre elles et qui est surprenante au possible. Imperator appelle Dieu « Père », et cependant, quand il recommande l'homme à Dieu, il l'appelle le semblable, le prochain de Dieu, et non pas sa créature. Évidemment Imperator ne se fait pas de Dieu la même idée que nous ; il semblerait qu'il nous considère comme une émanation de la Divinité, éternelle comme la Divinité elle-même. Hélas! Quel pitoyable fragment de divinité nous sommes !

Beaucoup de lecteurs se refuseront à accorder toute valeur à ces prières d'Imperator. Ils les prendront pour une des diaboliques inventions

---

(1) Il s'agit du consultant.

dont les personnalités secondes sont capables. Évidemment, si on les considère isolément, c'est l'explication la plus plausible ; mais il faut considérer le caractère et les idées d'Imperator dans leur ensemble. Or je puis assurer à mon lecteur que ce caractère n'a rien de diabolique. Si c'est une création de Stainton Moses et de Mme Piper, ils ont créé là un chef-d'œuvre : Imperator inspire le respect même aux plus sceptiques.

Toutefois il est à croire que ce ne sera pas là l'avis des ministres des religions, quelles qu'elles soient ; car, dans l'ouvrage de Stainton Moses, il se fait le champion de la thèse que voici : A de longs intervalles l'humanité a réellement reçu des fragments de révélation divine, par l'intermédiaire d'hommes inspirés ou médiums ; mais, au bout de peu de temps, l'or pur de cette révélation est tellement enfoui sous la boue humaine qu'il est presque impossible d'en retrouver la trace.

Un autre côté de la physionomie des séances que la télépathie n'explique pas, c'est l'action dramatique. Les personnages qui se trouvent à l'autre extrémité du fil agissent, autant que nous pouvons en juger, avec l'à-propos et tous les caractères distinctifs de la réalité. Presqu'à toutes les séances, il y a des incidents de cette action dramatique, dont la télépathie ne rend pas compte. J'ai eu l'occasion d'en donner quelques exemples en passant. Je vais en citer quelques autres.

A la deuxième séance de M. Paul Bourget, apparaît tout à coup Mme Pitman, dont nous avons déjà parlé ; elle dit à peu près ceci : « Monsieur, je viens vous faire mes offres de service, j'ai vécu en France et je parlais passablement le français de mon vivant. Dites-moi ce que vous désirez et je pourrai peut-être vous aider à communiquer avec madame, que voici. » Pour comprendre tout l'à-propos de cette intervention, il faut se souvenir que George Pelham, qui servait d'intermédiaire, s'était plaint, au commencement de la séance, de ce que la communiquante parlait français et de ce qu'il ne la comprenait pas.

Un jour on demande à George Pelham des renseignements sur Phinuit, et George Pelham se prépare à en donner. Mais Phinuit, qui se manifeste par la voix, pendant que George Pelham se manifeste par l'écriture, s'en aperçoit, et il s'écrie : « Vous, vous ferez mieux de ne pas parler de moi ! » Et les spectateurs eurent comme la sensation d'une lutte entre la tête et la main. Au bout d'un instant, George Pelham écrit : « Eh bien ! c'est une affaire arrangée, n'en parlons plus. »

Au cours d'une séance où la femme du consultant a donné à son mari des preuves d'identité d'une nature très intime, la communiquante dit : « Je vais vous rappeler des choses très intimes ; mais arrangez-vous de manière à ce que ce monsieur ne les entende pas. » Ce monsieur ne pouvait être le Dr Hodgson, qui était sorti de la chambre ; c'était l'invisible George Pelham, qui était habituellement présent aux séances à ce moment-là.

Le 30 avril 1894, M. James Mitchell a une séance. Phinuit commence par lui donner des conseils très appropriés pour le maintien de sa santé. Il termine par ces mots : « Vous vous faites aussi *du mauvais sang*. » Puis Phinuit ajoute : « Il y a là une voix que j'entends aussi nettement que le son d'une cloche et qui me dit : « Vous avez raison, Docteur, dites-lui de ne pas se faire *du mauvais sang ;* mon cher mari n'en avait que trop l'habitude. Je veux qu'il jouisse paisiblement des jours qui lui restent à passer dans le corps. Dites-lui que je suis Marguerite Mitchell, et que je serai près de lui pour l'éternité en esprit. »

Les communiquants prient assez souvent l'un ou plusieurs des assistants de sortir de la chambre des séances, et ils en donnent l'une ou l'autre des raisons que voici, suivant le cas. La première est que des renseignements d'ordre entièrement privé vont être donnés ; j'en ai cité un exemple à propos de George Pelham, quand James Howard lui demande de citer quelque chose qu'eux deux soient seuls à connaître. George Pelham, qui se prépare à donner des renseignements très intimes, commence par prier le Dr Hodgson de sortir. Voilà une étrange discrétion pour des personnalités secondes ! D'autres fois, certains assistants sont priés de sortir momentanément, parce que, disent les contrôles : « Vous avez là des parents et des amis qui veulent absolument communiquer avec vous ; par leur insistance et leurs efforts, ils empêchent toute communication. »

A une certaine occasion, le professeur Hyslop se lève de sa place et va à l'autre extrémité de la chambre, en passant auprès de Mme Piper. Aussitôt George Pelham écrit, comme indigné : « Le voilà qui passe juste devant Imperator ! Pourquoi fait-il cela ? »

Il faudrait un volume pour relever tous les petits incidents analogues, que la télépathie n'explique pas. Ceux-ci suffisent à titre d'exemples. Dira-t-on que ces petits drames ressemblent à des créations du même genre qui se font dans le délire ou dans les rêves ? Mais, en premier lieu, dans le délire et dans le rêve, le spectateur ne constate pas comme ici la présence de personnes qui ont fourni maints détails tendant à prouver leur identité. Ensuite les causes réelles de ces créations du délire et du rêve nous sont inconnues ; on peut prétendre, sans tomber dans la fantaisie, que la maladie n'en est que l'occasion, non la cause.

Enfin, un troisième groupe de faits qui militent fortement en faveur de l'hypothèse spirite est formé des erreurs et des confusions. Ce ne sera probablement pas là l'avis de l'observateur

superficiel ; beaucoup se fondent au contraire
sur ces erreurs et ces confusions pour écarter
entièrement l'hypothèse spirite : c'est le plus
souvent parce qu'ils se font de l'esprit une idée
bizarre, sans analogie dans la nature. Bernés par
un vieil enseignement théologique absurde, ils
s'imaginent que le plus pitoyable des ivrognes,
par exemple, du jour où il devient un esprit désincarné devient en même temps un être omniscient et d'une idéale beauté. Il ne peut pas en
être ainsi. Notre esprit, si esprit il y a, progresse lentement. Quand il saute dans le grand
inconnu, il ne saute pas par là-même dans
la perfection ; de limité et de fini qu'il était, il
ne devient pas aussitôt infini. L'homme désincarné, tout comme l'homme incarné, a ses lacunes d'intelligence, de mémoire et de moralité.
L'existence de ces lacunes explique très bien la
plupart des erreurs qui se trouvent dans les communications. Je n'ai pas de place pour développer cette idée ; mais le lecteur y suppléera sans
peine. Je ne citerai qu'un exemple de lapsus de
mémoire. M. Robert Hyslop dit qu'il avait un
canif à manche noir et qu'il le portait habituellement dans la poche de son gilet, puis dans la
poche de sa veste. Après enquête, il se trouve
qu'il s'est trompé et qu'il le portait réellement
dans la poche de son pantalon. Quel est l'homme
vivant qui n'a commis cent fois de pareilles erreurs ? Pour expliquer les phénomènes qui nous

occupent par l'hypothèse de la télépathie, il faut supposer à cette télépathie un pouvoir infini qu'aucun obstacle ne gêne. Alors, pourquoi fait-elle des erreurs ? Et pourquoi fait-elle justement des erreurs que doit faire un esprit imparfait, un esprit fini ? Faut-il admettre que dame Télépathie n'est autre chose que l'incarnation du démon de la dissimulation et de la fraude ?

CHAPITRE XVIII

Difficultés et objections. — Identité d'Imperator. — La vision à distance. — Trivialité des messages. — Philosophie spirite. — La vie dans l' « autre monde ».

J'ai dit jusqu'à présent beaucoup de mal de la télépathie. Je crois avoir montré, non pas que l'hypothèse est fausse, mais qu'elle est invraisemblable. Peut-être de futures découvertes lui rendront-elles la vraisemblance. Est-ce à dire que, tout au moins pour l'instant, l'hypothèse spirite, la seule hypothèse raisonnable après celle de la télépathie, s'impose sans difficulté, sans qu'on puisse y faire d'objections? Non. On fait encore à l'hypothèse spirite beaucoup d'objections ; mais ces objections sont plus ou moins graves. A mon sens même, je n'en vois qu'une qui soit grave : j'en parlerai en dernier lieu. Beaucoup parmi les autres sont faites par des hommes qui n'ont du problème qu'une connaissance superficielle ; leurs arguments sont des arguments de polémique, plutôt que des arguments empruntés à la science.

Et d'abord, disent certains, pourquoi les contrôles Imperator, Doctor, Rector, Prudens, se cachent-ils sous ces pseudonymes ? Si, comme ils le prétendent, ce sont des esprits désincarnés, ayant vécu jadis dans un corps, pourquoi ne disent-ils pas qui ils ont été? Leur silence sur ce point n'indique-t-il pas qu'ils ne sont que des personnalités secondes du médium ?

Cette objection n'est ni grave ni bien sérieuse. D'abord, ces contrôles ont révélé leurs véritables noms à Stainton Moses. S'ils ne tiennent pas à ce que ces noms soint divulgués, ils ont sans doute pour cela d'excellentes raisons qu'il n'est pas difficile d'imaginer. Tout indique que ces contrôles ont appartenu à une génération assez éloignée de la nôtre ; tout l'indique, dis-je, leur langage, leur tournure d'esprit et quelques-unes de leurs assertions. S'ils ont été des hommes connus, et s'ils révèlent leurs noms, les sceptiques n'y verront qu'une raison de plus pour invoquer la fraude. Ils diront : « Bah ! le médium a lu tout cela dans un livre, et il nous le débite dans l'hypnose. » Si, au contraire, ces contrôles ont été des hommes obscurs, et s'ils donnent des renseignements sur leur vie, ces renseignements seront invérifiables. Et, aussitôt, les sceptiques de s'écrier : « Sornettes! Ce sont là des inventions des personnalités secondes du médium. » Ces contrôles peuvent avoir d'autres raisons encore pour ne pas révéler leurs noms. La vie actuelle, une fois qu'il l'a quittée, peut faire à l'esprit l'effet d'un cauchemar plus ou moins pénible. Quoi d'étonnant à ce qu'il ne tienne pas à se rappeler et à rappeler aux autres le rôle même honorable qu'il a joué dans ce cauchemar ? Nous autres, nous ne connaissons que cette vie; nous n'en admettons pas d'autre. C'est pourquoi chacun de nous tient, s'il le peut, à y briller comme un météore. Mais peut-être les esprits désincarnés, voyant les choses de plus haut, les voient-ils autrement. Bref, les contrôles Imperator, Rector, Doctor et Prudens peuvent s'abstenir de parler de leur vie d'autrefois, uniquement parce qu'ils sont sages. Phinuit n'aurait-il pas mieux fait de se taire que de nous raconter un tas d'invraisemblances ?

Voici maintenant une objection plus sérieuse. J'ai invoqué contre la télépathie la nécessité pour le médium de lire dans l'âme des absents sans que la distance le gênât. Mais la vision à distance, dans les états profonds de l'hypnose, chez certains sujets privilégiés, a été maintes fois constatée: la science officielle l'admet presque. Alors pourquoi faire intervenir de prétendus désincarnés ? Pour deux raisons. La première, celle qu'il ne faut jamais perdre de vue, c'est qu'un assez grand nombre de désincarnés ont établi leur identité. La seconde est la manière dont, avec le Dʳ Gibier, on peut concevoir les phénomènes de l'hypnose. Les contrôles nous disent que le sommeil normal n'est autre chose qu'un dégagement très incomplet du corps éthéré, un commencement d'abandon du corps physique. Le sommeil provoqué, lui aussi, ne serait pas autre chose. Plus ce sommeil serait profond, plus le dégagement serait complet. On pourrait peut-être, dit le Dʳ Gibier, arriver ainsi, de degré en degré, à dégager complètement le corps éthéré, c'est-à-dire à tuer le patient, lequel ne se plaindrait peut-être pas ; mais la justice pourrait avoir des objections à élever contre cette manière de désincarner les gens. Ce qui tendrait à établir le bien-fondé de cette théorie, c'est qu'au fur et à mesure que l'hypnose devient plus profonde, apparaît une conscience nouvelle, plus étendue et plus nette que la conscience normale, conscience englobant tout ce qui, à l'état normal, est compris sous le nom de conscience et de subconscience. C'est alors qu'apparaît quelquefois la vision à distance, vision indépendante de l'espace et des obstacles. Mais les esprits nous disent que l'espace et le temps ne sont pas des conceptions de leur monde, que la distance ne les embarrasse pas. Le sujet plongé dans l'hypnose qui voit à distance aurait ce don simplement parce qu'il est presque hors de notre monde à nous. Ainsi donc cette faculté étrange, loin de militer contre l'hypothèse spirite, tendrait au contraire à rendre un peu plus de créance à certains dires de Phinuit. On comprendrait ainsi qu'il ait pu, quand on lui présentait des objets ayant appartenu aux décédés, se mettre, grâce à ses objets, en communication immédiate avec ces décédés, sans tenir compte de la distance, qui n'existe que pour nous.

Parmi ceux qui étudient ces phénomènes, il en est beaucoup qui voient une présomption très forte contre l'hypothèse spirite dans la pauvreté, dans la trivialité de la plupart des messages obtenus. Certains de ces messages, néanmoins, sont signés de noms prestigieux : Fénelon, saint Louis, saint Augustin, voire Jésus-Christ et la Vierge Marie. Mais ce fait regrettable s'explique de tant de manières ! D'abord il y a des charlatans, des fourbes et des sots des deux côtés, puisqu'il est bien entendu que l'âme passe de ce monde-ci dans l'autre telle qu'elle est et que, si elle progresse, elle progresse lentement. Que d'individus ne voient dans les phénomènes du spiritisme qu'un moyen de produire leur pauvre personnalité ou d'exploiter leurs contemporains ! Ceux-là n'hésitent guère, évidemment, à présenter leurs élucubrations comme des communications de l'Au-delà : ils les signeraient du nom du Père Éternel lui-même, si cela pouvait favoriser leurs desseins. Enfin, il n'est pas même nécessaire de supposer que ces messages sont dus à la malhonnêteté : le nombre des mystificateurs doit être pour le moins aussi grand de l'autre côté que de celui-ci ; une sorte de loi d'affinité qui semble gouverner le monde des esprits fait qu'ils sont attirés vers des médiums inévolués, alors que les grands esprits sont repoussés loin de ces mêmes médiums. Ce seraient ces larves de l'autre monde qui délivreraient ces messages qui nous déconcertent quand ils ne nous scandalisent pas. Mais l'homme de science ne doit pas se laisser rebuter par ces messages, qui, en dépit de leur contenu, ont une importance, s'ils l'amènent à la constatation irréfutable de ce fait : il existe en dehors de nous et autour de nous des êtres intelligents analogues à nous.

Mais, quand on a affaire à des esprits évolués, ayant commencé par donner des preuves de leur identité, il n'est pas vrai que les messages soient toujours triviaux. Ces messages renferment souvent des idées de beaucoup d'envergure et d'élévation. Généralement, la forme est défectueuse ; mais celui qui a étudié attentivement les phénomènes de Mme Piper sera indulgent pour la forme et même quelquefois pour le fond. L'esprit en contact avec l'organisme du médium est en proie à une sorte de délire, je l'ai déjà répété maintes fois ; en outre, l'organisme n'obéit qu'imparfaitement à ses efforts : « Mes chers amis, dit George Pelham, ne me considérez pas avec l'œil d'un critique ; essayer de vous transmettre nos pensées au moyen de l'organisme d'un médium quelconque, c'est comme si on essayait de ramper dans le tronc d'un arbre creux. » Bref, les difficultés sont énormes.

Il peut très bien se faire que de grands esprits aient réellement été les auteurs de messages très pauvres. Il est arrivé à chacun de nous de faire en rêvant des compositions poétiques ou autres que nous jugeons admirables ; nous nous disons, extasiés : « Quel malheur que je ne puisse me souvenir de cela à mon réveil ! » Mais il nous arrive de nous en souvenir ; et alors, ce qui nous avait enchantés pendant le sommeil nous fait sourire de pitié. Or, les communiquants le répètent sans cesse : quand ils sont dans l'atmosphère du médium, ils rêvent : « Toutes choses m'apparaissent si nettement, dit Robert Hyslop à son fils, et quand je viens ici pour te les exprimer, James, je ne puis pas. »

Ces considérations montrent qu'il ne faut pas se hâter de conclure avec le professeur Flournoy que, si la survie existe, la vie de l'Au-delà n'est pour nous qu'une pitoyable dégénérescence, une misère ajoutée à toutes les autres qui nous accablent dans ce satanique univers. Non ; comme le dit le professeur James, sur la terre nous ne vivons qu'à la surface de notre être ; si la mort n'est pas l'anéantissement, la mort est un réveil. De ce que les communications entre ce monde-ci et l'autre ne sont pas faciles, il ne s'ensuit pas que la vie dans l'autre monde ne soit pas plus haute et plus intense que dans celui-ci.

Une autre objection sérieuse contre l'hypothèse spirite est celle qui se réfère à la philosophie dont certains hommes trop pressés ont doté le spiritisme. Le spiritisme, qui ne devrait être encore qu'une science à peine débutante, est déjà une philosophie immense pour laquelle l'univers n'a pas de secrets. Et puis ne vous avisez pas de douter! Cette philosophie émane directement des esprits qui, eux, doivent savoir. Toutes les philosophies m'ont fait le plus souvent l'effet de sublimes enfantillages. Comment des êtres aussi infimes que nous, tâtonnant dans un océan de ténèbres compactes, peuvent-ils avoir la prétention de résoudre l'énigme de l'univers par des raisonnements à priori? Tout ce que nous pouvons espérer raisonnablement, c'est d'arracher à la nature quelques-uns des secrets qui sont les plus proches de nous, en nous entourant de mille précautions pour ne pas risquer de nous tromper lourdement.

Je mets la philosophie spirite exactement au même rang que les autres philosophies. Quelques-unes de ses données émanent peut-être des esprits, si esprits il y a ; mais l'ensemble n'en émane sûrement pas. Mais alors, me dira-t-on, ceux qui ont élaboré cette philosophie étaient donc des imposteurs? Non, pas forcément; je dirai même que l'imposture est ici invraisemblable. Mais quelques rapprochements nous donneront peut-être la clef du mystère.

Les esprits, disons-nous, perçoivent directement la pensée. Au début des études spirites, beaucoup de vulgaires sujets hypnotiques ont dû être pris pour des médiums. Plongés dans une hypnose profonde, je dirai à demi-désincarnés, ces sujets lisaient dans l'esprit du consultant les doctrines qui y étaient entassées, doctrines éclectiques, empruntées à toutes les philosophies du monde et surtout à l'hindouïsme. Le consultant, peu expérimenté encore, était charmé de voir le médium reproduire ses propres idées; il devait souvent s'écrier: « Parbleu! je suis inspiré, moi aussi! C'est justement ce que j'ai toujours pensé! » Qu'on ne dise pas que c'est là une hypothèse purement gratuite: j'ai en vue en la faisant nombre d'expériences sur lesquelles je la fonde. Je ne puis naturellement pas les rapporter ici, mais les intéressés en trouveront sans peine dans la littérature spéciale: Aksakof en rapporte plusieurs dans *Animisme et Spiritisme*. C'est ainsi que le dogme de la réincarnation, nié par les médiums anglo-saxons, affirmé par les médiums latins, ne doit pas nous préoccuper beaucoup. « Ce dogme, dit Frédéric Myers, ne repose sur aucun message dont l'origine a été bien et dûment constatée. »

L'obstacle le plus formidable à l'admission de

l'hypothèse spirite est constitué par les messages tendant à représenter l'« autre monde », cet autre monde où, paraît-il, on ne perçoit pas la matière, où l'espace et le temps sont inconnus, tendent, dis-je, à le représenter néanmoins comme une copie servile, parfois comme un calque de celui-ci. Si on demande à Phinuit ou à un autre contrôle le signalement d'un communiquant, le plus souvent ce signalement est donné avec exactitude, et ce signalement est demeuré là-bas ce qu'il était ici : parfois le communiquant va même jusqu'à porter les mêmes habits faits de la même étoffe. Mais cette question du signalement est sans importance, puisqu'on peut répondre que les communiquants ou les contrôles donnent ces détails uniquement pour prouver l'identité. Toutefois, je ne connais pour ma part aucun message où un communiquant a eu la franchise de dire : « Vous supposez bien que la forme que j'ai ici n'est pas celle que j'avais dans votre monde. » Ou même encore : « L'idée de forme, sur notre monde et sur le vôtre, diffère totalement ; ce qu'est cette idée ici, je ne puis pas vous le faire comprendre : inutile donc de m'interroger là-dessus. » Non, malheureusement, ni communiquants ni contrôles ne parlent ainsi, tous disent ou laissent supposer que la forme humaine est identique sur les deux mondes. Mais passe pour la question de forme, quoiqu'on puisse soutenir que les formes sont ici-bas déterminées par le jeu des lois de la nature physique. Comme les formes diffèrent bien qu'elles soient soumises aux mêmes lois, il se peut qu'elles aient une base à nous inconnue, qu'elles aient des modèles dans un monde transcendantal.

Mais là où notre crédulité se récrie, c'est quand l'action ou le devenir dans l'autre monde sont identiques à ce qu'ils sont dans celui-ci. Qu'un médecin décédé vienne nous dire qu'il continue à visiter ses malades, un peintre qu'il continue à barbouiller de la toile, c'est plus que nous ne pouvons admettre. Mais, pourra-t-on expliquer, le médecin et le peintre sont momentanément délirants : ils ne savent ce qu'ils disent. Malheureusement ces passages sont trop nombreux pour les attribuer toujours au délire. Certains communiquants vous disent, le plus sérieusement du monde et alors qu'ils semblent en pleine possession d'eux-mêmes, qu'ils respirent, demeurent dans des maisons, assistent à des conférences, qu'un enfant décédé commence à apprendre à lire. Il y a là, je le répète, une énorme difficulté. Je la signalerai sans essayer de la résoudre ; je suis incapable de fournir une explication plausible. Le professeur Hyslop s'y est essayé ; mais je ne crois pas qu'il ait réussi. J'admets avec lui que la conception cartésienne, d'après laquelle l'âme ne serait qu'un centre de forces immatériel, j'admets, dis-je, que cette conception soit sans fondements ; c'est une conception philosophique à priori, et Dieu sait le cas que je fais des conceptions philosophiques à priori. Il est très vraisemblable que l'univers est composé d'une essence unique, et non de deux essences distinctes, la matière et l'esprit. Ce n'est probablement pas l'esprit qui est matière ; c'est plutôt la matière qui doit être une modalité, peut-être une pure illusion de l'esprit. Mais toutes ces considérations de haute philosophie n'expliquent pas la difficulté en question. Plus on la tourne et plus on la retourne, plus elle a l'air de vous narguer. C'est pourquoi je laisse à d'autres le soin d'en venir à bout. Est-ce que nous serions condamnés à vivre l'illusion du monde physique, pendant un temps déterminé ? Et, lorsque les circonstances nous enlèvent prématurément à ce monde physique, cette illusion devrait-elle continuer quand même dans un autre monde jusqu'au terme fixé par les destins pour chacun de nous ? Mais voici que je recommence à enfourcher le Pégase de la haute philosophie : le terrain n'est pas sûr, et il vaut mieux descendre.

CHAPITRE XIX

Le retour du médium à la vie normale. — Les discours tenus pendant que le médium semble suspendu entre deux mondes.

Chez Mme Piper, les instants qui précèdent la sortie définitive de la trance offrent, actuellement du moins, un intérêt tout particulier. Je crois donc bien faire en insistant un peu là-dessus. Pour m'éviter encore de lourdes circonlocutions qui n'en finiraient pas, je vais parler comme si l'hypothèse spirite était démontrée. Aussi bien, quelles que puissent être les destinées futures de cette hypothèse, et malgré la grave objection dont j'ai parlé à la fin du chapitre précédent, elle est, je crois, la seule qu'on puisse raisonnablement adopter pour le moment.

Quand la séance est à son terme, quand l'écriture automatique a pris fin, Mme Piper commence à revenir progressivement à son état normal. Alors elle prononce d'une voix plus ou moins distincte des phrases sans suite en apparence, qu'il n'est pas toujours facile de saisir. Elle ressemble alors à une personne qui parle dans un rêve. Le D⁰ Hodgson et le professeur Hyslop ont recueilli autant qu'ils ont pu ces lambeaux de phrases, en les séparant nettement, par un sous-titre, des procès-verbaux de la séance proprement dite. Enfin, Mme Piper pose le plus souvent cette question bizarre : « Avez-vous entendu ma tête claquer ? « Et, lorsque sa tête est censée avoir claqué, elle jette autour d'elle, sur les personnes et les choses, un regard quelque peu effaré, puis tout est fini : elle n'a plus aucun souvenir ni de ce qu'elle a écrit ni de ce qu'elle a dit pendant la trance.

On va voir que ces lambeaux de phrases sont moins incohérents qu'ils n'en ont l'air et qu'ils valaient la peine d'être recueillis. Très souvent, lorsqu'il a été fait pendant la séance des efforts nombreux pour donner un nom propre, sans qu'on ait pu réussir, ce nom est prononcé par Mme Piper au sortir de la trance ; quand elle rentre dans son organisme, le ou les communiquants lui répètent ce nom avec insistance, et ils font tous leurs efforts pour qu'elle s'en souvienne et le prononce en sortant de la trance. J'ai déjà eu l'occasion de citer un exemple de ce fait. M. Paul Bourget demandait le nom de la ville où s'était suicidée l'artiste avec qui il communiquait. Ce nom ne vint pas ; mais, au sortir de la trance,

Mme Piper le prononça : *Venise*. Le nom de M. Robert Hyslop fut donné pour la première fois de la même manière, mais accompagnée en outre de lambeaux de phrases très significatifs. Les voici. D'abord, Mme Piper essaie de prononcer le nom, puis enfin elle dit *Hyslop*, et elle continue :

« C'est moi.

« Dites-lui que je suis son père.

« Moi.

« Adieu, monsieur.

« Moi, je ne l'emmènerais pas de cette manière.

« Oh ! mon Dieu !

« Voyez-vous l'homme à la croix (1) qui éloigne tout le monde ?

« Avez-vous vu la lumière ?

« Qu'est-ce qui a fait tomber tous les cheveux de cet homme ?

(Le D{^{r}} Hodgson demande : quel homme ?)

« Ce vieux monsieur qui essayait de me dire quelque chose, mais qui n'y est pas arrivé. »

Au premier abord, ce passage semble l'incohérence même ; mais tous ces lambeaux de phrases ont un sens très net quand on les examine en se rappelant les incidents de la séance. Ce sont des sortes de commissions dont on charge le médium en train de revenir dans son organisme ; ou bien

(1) C'est-à-dire Imperator, qui toujours signale sa présence soit en formant une croix sur le papier, soit en dessinant une croix dans l'air avec la main.

ce sont des observations que les esprits présents se font entre eux et que le médium répète automatiquement ; ou bien encore ce sont des observations ou des questions du médium lui-même. Tout ce que Mme Piper dit au sortir de la trance appartient à ces trois ordres d'idées.

Dans le passage cité, ces mots : « C'est moi... Dites-lui que je suis son père... moi... » sont une commission dont M. Robert Hyslop charge le médium. Par cette formule : « Adieu, Monsieur », Mme Piper prend congé de Robert Hyslop. Les phrases qui suivent : « Moi, je ne l'emmènerais pas de cette manière... Oh ! mon Dieu !... Voyez-vous l'homme à la croix qui éloigne tout le monde ? » sont des observations de quelque esprit répétées automatiquement, ou des observations de Mme Piper elle-même sur Imperator, qui, voyant la lumière épuisée, éloigne impérieusement tout le monde et M. Robert Hyslop lui-même, malgré son insistance à rester auprès de son fils. Imperator doit même avoir recours à une certaine violence pour avoir pu légitimer cette observation : « Moi, je ne l'emmènerais pas de cette manière. »

Les dernières phrases sont toutes des observations ou des questions de Mme Piper elle-même. Quand elle demande : « Avez-vous vu la lumière ? » elle fait sans doute allusion à la lumière de l' « autre monde » invisible pour nous. Les autres phrases sont assez claires, si l'on se souvient que M. Robert Hyslop était complètement chauve.

Il y a de ces fragments de discours, qui ne sont incohérents qu'en apparence, au sortir de toutes les trances ; mais ils sont plus ou moins longs. Les dernières paroles proviennent toujours, sauf erreur de ma part, de Mme Piper elle-même, comme il est logique de s'y attendre, puisqu'elle va perdant progressivement conscience du monde qu'elle quitte jusqu'au réveil définitif, réveil marqué par le prétendu claquement de la tête.

Ces discours au sortir de la trance constituent, à nos yeux, un argument de plus contre l'hypothèse de la télépathie et des personnalités secondes, parce que, s'il y a simulation, aucune trace n'en est apparente. Vraiment, c'est accorder à la télépathie trop d'habileté dans l'art de feindre.

Ces discours ramènent au premier plan la question : « Que devient pendant la trance l'esprit du médium, si esprit il y a ? » Il sort de l'organisme, disent les contrôles, et il demeure en la compagnie du groupe d'esprits qui communiquent.

— « Mais alors, dira-t-on, si elle vit momentanément de la vie de l'autre monde, comment au réveil ne raconte-t-elle pas ses impressions ? »

N'oublions pas que, pour les esprits, notre vie à nous n'est qu'un sommeil, et que nous n'avons conscience que de ce qui nous est acquis par l'intermédiaire de nos cinq sens. Quand l'esprit est replongé dans la prison du corps, après en être momentanément sorti, il se rendort, il oublie tout, et il recommence à ne plus vivre que de la vie fragmentaire que lui permettent ses cinq sens. L'absence complète de souvenir chez le médium au réveil n'est pas plus étonnante que le même phénomène chez un sujet qui sort d'une hypnose profonde, hypnose pendant laquelle il peut avoir beaucoup parlé et même beaucoup agi.

Du reste, pendant les courts instants où Mme Piper est comme suspendue entre les deux mondes, elle a encore un vague souvenir de ce qu'elle vient d'éprouver : les fragments de phrases qu'elle prononce en témoignent suffisamment. Il est rare qu'elle ne verse pas quelques larmes, qu'elle ne dise pas : « Je veux rester ici, je ne veux pas retourner dans le monde obscur ! » Voici un passage caractéristique, à titre d'exemple. Mme Piper, sortant de la transe, se met à pleurer et murmure : « Je ne veux pas retourner dans les ténèbres... Oh !... c'est... c'est... ce doit être la fenêtre... Mais je me demande... je me demande ce qu'ils sont tous devenus... (1) C'est étrange... j'avais oublié que j'étais vivante... Oui, Monsieur Hodgson, je l'avais oublié... J'allais vous dire

---

(1) Les esprits en compagnie de qui elle était.

quelque chose, mais je ne sais plus ce que c'est... Voyez-vous, quand ma tête claque, je ne puis plus rien dire... Il doit faire nuit. Ah! mon Dieu! je me sens faible.. Est-ce que c'est là mon mouchoir?. »

D'autres fois, elle se sert de figures bizarres : « Voyez-vous Rector qui me montre une planche noire d'un côté et lumineuse de l'autre?... Il dit en me montrant le côté noir : « C'est là votre monde », et il dit en montrant le côté lumineux : « Voici le nôtre... » Je ne veux pas retourner dans le monde obscur... »

Une autre fois, elle dit tout à la fin : « C'est là mon corps?... Comme il picote!... »

Il semble qu'Imperator, avant de la renvoyer dans le « monde obscur », prie pour elle, et elle répète parfois automatiquement des fragments de cette prière :

« Est-ce-là une bénédiction? Répète-la...

« Que le Père soit et demeure avec toi pour l'éternité.

« Servus Dei... Je ne comprends pas.

« Il faut que je m'occupe de tous ceux-ci. Je te laisse en bonne santé.

« Va et fais ce qui est ton devoir.

« Que la bénédiction soit sur ta tête!

« La lumière prendra fin (1).

(1) Cette phrase : « La lumière prendra fin », qui est probablement d'Imperator, doit signifier : Un jour viendra où tu nous rejoindras définitivement. C'est une sorte de réveil de

« Pourquoi dites-vous cela ?

« Vous partez ? Au revoir.

« Je veux m'en aller avec vous, suivre le même sentier que vous.

« Entendez-vous le sifflet ? » (C'était là un sifflet « terrestre » que les assistants entendaient en effet.)

l'instinct de la conservation qui fait demander à Mme Piper: Pourquoi dites-vous cela ? ou bien c'est parce qu'elle n'a pas compris.

CHAPITRE XX

**Les résultats obtenus sont encourageants.
Il faut résoudre le problème.**

Et maintenant, peut-il y avoir une conclusion à ce travail? Non, ce travail ne comporte aucune conclusion. Tout au plus puis-je faire, en terminant, quelques constatations. Le Dʳ Hodgson, le professeur Hyslop et d'autres, qui s'étaient engagés dans ces études aussi sceptiques que n'importe qui, mais sans parti pris, ont fini, après des hésitations qui ont duré de longues années, par se rallier à l'hypothèse spirite. Mais, ainsi qu'ils le font soigneusement remarquer, ils admettent cette hypothèse provisoirement et non définitivement. De nouvelles expériences et de nouveaux faits orienteront peut-être leur esprit dans une tout autre direction.

Devons-nous les suivre? Chacun de nous doit-il se rallier provisoirement à l'hypothèse spirite?

Non pas. La science ne se fait pas ainsi. Quiconque croit avoir d'excellentes raisons pour préférer à l'hypothèse spirite toute autre hypothèse doit rester inébranlable dans ses positions jusqu'au jour où les faits l'obligeront à les quitter. La science ne demande pas qu'on préfère telle ou telle explication ; elle demande simplement que l'on étudie les faits sans parti pris, que l'on soit de bonne foi, que puérilement on ne ferme pas les yeux à l'évidence.

Pour que la survie soit, je ne dis pas démontrée, mais seulement admise par un grand nombre, il faut premièrement que beaucoup d'expérimentateurs, ou, si l'on aime mieux, d'observateurs, travaillant indépendamment les uns des autres sur tous les points de la terre, arrivent à des conclusions identiques.

Ensuite, il faut que tout homme intelligent, ne reculant pas devant l'effort, puisse, en refaisant le chemin parcouru par les premiers observateurs, arriver aux mêmes conclusions qu'eux. Le *magister dixit* a vécu. Les maîtres d'aujourd'hui doivent montrer aux disciples le chemin de la vérité, et non pas leur imposer ce qu'eux, les maîtres, considèrent comme la vérité. La science moderne ne connaît pas de pape infaillible, même parlant *ex cathedrâ*.

D'autre part, il ne faut pas se borner à étudier une seule forme de la médiumnité. Les phénomènes qui se produisent en présence des médiums sont très variés. Il faut que tous les phénomènes pouvant être englobés sous la dénomination de psychiques soient soigneusement considérés et fouillés. Il faudra séparer le grain de l'ivraie; il faudra déterminer quels sont ceux parmi ces phénomènes qui semblent dus à des esprits désincarnés, quels sont ceux qui, selon toute évidence, sont dus à des esprits incarnés et, enfin, quels sont ceux (il y en a) qui n'ont d'autres causes que les causes physiques ordinaires. Les nouveaux ouvriers qui entrent maintenant dans le champ de la science ont, on le voit, un joli travail de défrichement devant eux; mais le terrain semble d'une fertilité sans pareille: ce terrain portera demain, pour peu qu'on le veuille, une moisson comme on n'en a jamais vu.

Si les médiums produisant quelques phénomènes larvés sont nombreux, les bons médiums ne courent pas les rues, c'est évident; mais, cependant, ils sont infiniment moins rares que les ossements de l'*Antropopithecus erectus*. Quand on découvre un bon médium, il n'est pas nécessaire, pour se rendre compte de la valeur qu'il peut avoir pour la science, de réunir un comité et de mettre la question aux voix. Si l'« autre monde » existe, il semble qu'il n'y ait pas entre cet autre monde et le nôtre de *missing link*.

Donc, la conclusion la plus générale qu'on peut tirer des travaux étudiés dans cet opuscule et des autres travaux de la Société anglo-américaine pour les Recherches psychiques, c'est qu'on ne se livrera pas à ces études inutilement. Même la science officielle devrait s'orienter de ce côté, quand ce ne serait que pour défendre les doctrines qui lui sont chères. Elle y viendra certainement; mais sera-ce bientôt? Hélas ! notre pauvre humanité est déplorablement inférieure, cette humanité que les monistes ne craignent pas de nous représenter sérieusement comme étant dans notre coin de l'espace la plus haute expression de la conscience de leur grand dieu Pan. La grande majorité des unités humaines est composée d'esprits dans la prime enfance, ne se passionnant que pour des choses enfantines. Malgré la méchanceté qui caractérise la plupart des actions humaines, on se demande, quand on les considère d'un peu haut, s'il faut en rire ou en pleurer.

En modifiant légèrement l'allégorie fameuse de Platon à laquelle j'ai déjà fait allusion, on peut comprendre facilement ce qu'est l'humanité à l'heure actuelle. Imaginez des êtres très imparfaits, très inévolués, mais ayant en eux une infinité de potentialités latentes ; imaginez, dis-je, ces êtres naissant dans une caverne sombre où ils grouillent pêle-mêle, passant le meilleur de leur temps à s'entre-dévorer. A tout instant, on plonge dans cette caverne pour en retirer un certain nombre de ces êtres inférieurs et les transporter à la lumière du jour, pour les faire jouir d'une vie plus haute, pour leur faire admirer les beautés de la nature. Ceux qui restent dans la caverne pleurent leurs proches qu'on enlève ainsi et les considèrent comme disparus à tout jamais. Cependant, à la voûte de la caverne, il y a quelques fissures par lesquelles filtre un peu de jour. Un certain nombre de curieux, un peu plus évolués que leurs frères, se sont hissés jusqu'à ces fissures : ils ont regardé et ils ont cru voir que du dehors on leur faisait des signes : « Ceux qui nous font des signes, se disent-ils, ne sont peut-être que ceux d'entre nous qu'on enlève d'ici à tout instant du jour. Mais, alors, ils ne seraient pas morts, ils continueraient à vivre là-haut. » Et ils appellent leurs frères : « Venez voir, il nous semble que ceux des nôtres qui vont là-haut chaque jour nous font signe. Nous n'en sommes pas sûrs ; mais, en unissant nos efforts et nos intelligences, nous finirons peut-être par acquérir une certitude. » Vous croyez que la foule de ceux qui grouillent sur le sol de la caverne accourt ! Elle a bien autre chose à faire. Elle ne lapide pas ces chercheurs importuns, mais elle les regarde d'un mauvais œil, et elle les accable d'ennuis.

Mais laissons les allégories; nous ne sommes pas en Orient, où on aime les paraboles. Disons simplement qu'il est déplorable que les études psychiques n'inspirent pas plus d'enthousiasme.

Les médecins ont commencé par déclarer que la médiumnité est une névrose. Rien n'est moins certain ; je dirai : rien n'est moins probable. Les personnes ayant de l'instruction, une situation sociale indépendante qui, par hasard, découvrent en elles des dons médiumniques, les cachent soigneusement, au lieu de les offrir spontanément à l'étude ; dame ! elles ne veulent pas passer pour des malades ; nul n'aime à afficher ses infirmités en public. C'est pourquoi les médiums arrivant à une notoriété sont presque tous recrutés dans les basses classes sociales et parmi les pauvres ; ils sont obligés de trafiquer de leurs dons ; ils sont payés pour produire des phénomènes et, quand ces phénomènes ne se produisent pas spontanément, ils fraudent. Il faudrait trouver des médiums parmi les personnes instruites n'étant pas obligées de gagner leur pain de chaque jour. Il en existe dans ce milieu-là autant ou plus que dans tout autre : qu'on prenne seulement la peine de chercher. Que craignent ces sortes de médiums ? Est-ce que Mlle Smith et Mme Piper, en permettant à des hommes compétents d'étudier leur médiumnité, n'ont pas rendu à la science, n'ont pas rendu à l'humanité des services autrement considérables que tant d'encombrantes personnalités, que tant de mouches du coche qui nous assourdissent de leurs bourdonnements ? Est-ce qu'une honte quelconque a rejailli sur leur nom ?

Enfin, pour aboutir vite dans ces études, il faut — pourquoi ne pas le dire? — il faut de l'argent. Il faut pouvoir payer des sujets intéressants quand ces sujets ont besoin d'être payés ; il faut payer les investigateurs compétents quand ils ont besoin d'un salaire. Si l'on consacrait à la solution du grand problème la millième partie seulement de ce que l'on consacre en un an à l'art de tuer, avant dix ans nous serions fixés, et l'humanité pourrait se vanter de n'avoir jamais fait de conquête pareille.

En France, ceux qui peuvent donner et qui donnent ne donnent que pour alimenter les caisses de la superstition. En Amérique et dans tous les pays anglo-saxons, on est plus avancé : beaucoup d'hommes, aussi nobles que généreux, donnent pour la science, pour l'instruction du plus grand nombre, pour fonder des collèges ou des universités. Que ces hommes-là soient bénis ! Ils font de leur fortune un noble usage. Mais il est regrettable qu'on trouve de l'argent tant qu'on en veut pour rechercher, par exemple, les traces de l'*Anthropopithecus erectus* et qu'on n'en trouve pas pour les recherches psychiques.

Il existe, si je ne me trompe, un prix pour celui qui trouverait le moyen de communiquer avec les habitants de la planète Mars. Si jamais ces communications s'établissaient, je ne vois pas que l'humanité en retirerait d'autres avantages que de satisfaire sa curiosité, noble et légitime curiosité, d'ailleurs. Mais combien plus avantageux et plus intéressant il serait de communiquer avec le monde de l'Au-delà, si ce monde existe, puisque nous devons y aller tous ! J'espère que l'humanité finira par le comprendre.

POST-SCRIPTUM

Dans le corps de ce travail, j'ai été amené à parler de prétendus aveux de Mme Piper, faits à un reporter du *New York Herald* (édition de New-York). L'article était l'absurdité même, et j'ai dit combien il me semblait suspect. Je n'avais pas tort. Mme Piper s'est hâtée d'écrire au *Light*, journal spiritualiste anglais bien connu, pour démentir les assertions qu'on lui a prêtées. Je traduis textuellement l'article du *Light* (n° du 30 novembre 1901) :

Nous avons reçu une lettre de Mme Piper, au sujet de l'*interview* qu'elle a eue avec un rédacteur du *New York Herald*, interview dont nous avons déjà parlé dans ce journal, et dont la presse de Londres s'est également occupée. Mme Piper nous affirme que quelques-unes des assertions qu'on lui a prêtées dans cet article sont sans fondement aucun :

J'ai toujours soutenu que ces phénomènes pouvaient être expliqués autrement que par l'intervention des esprits désincarnés.

Mme Piper nous affirme qu'elle n'a rien dit de pareil. Plus loin :

Je dois à la vérité de déclarer que je ne crois pas que les esprits des morts aient parlé par ma bouche pendant que je suis en état de trance, état qui a été étudié par des savants de Boston et de Cambridge, et par ceux de la Société anglaise pour les Recherches psychiques, quand on me fit venir en Angleterre pour m'étudier. Peut-être des esprits ont-ils parlé par ma bouche, mais je ne l'affirme pas.

Ces paroles ont été gratuitement attribuées à Mme Piper : elle ne les a pas prononcées ; elle n'a même rien dit qui pût être interprété dans ce sens.

Voilà encore une prétendue déclaration de Mme Piper, qui a rempli de joie nos adversaires :

Je n'ai jamais entendu parler de quoi que ce soit, prononcé par moi en état de trance, qui n'ait pu se trouver à l'état latent : 1° dans mon propre esprit ; 2° dans l'esprit de la personne qui avait la direction de la séance ; 3° dans l'esprit de la personne qui essayait d'obtenir des communications de quelqu'un des siens vivant d'une autre existence ; 4° dans l'esprit de quelque personne accompagnant le consultant ; 5° dans l'esprit d'une personne absente mais vivant quelque part sur terre.

Mme Piper déclare que ce sont là des imaginations pures de la part du reporter, ou bien encore de singulières méprises : elle n'a rien dit de pareil. Au contraire, quand le reporter lui demanda quelle était sa propre opinion au sujet des discours qu'elle tenait pendant la trance, elle répondit sagement :

J'ai souvent pensé que, si je pouvais me voir comme les autres me voient et m'entendre comme ils m'entendent, alors seulement je serais en état d'avoir une opinion.

Au sujet du mot *aveux* qui servait de titre à l'article, Mme Piper, qui n'a pas fait d'aveux et qui n'a pas à en faire, raconte ce qui suit.

Ayant entendu dire que le *New York Herald*, dans une annonce préliminaire, avait accolé son nom au mot *aveux*, elle défendit aussitôt que l'article fût publié. Alors, elle reçut un télégramme du *Herald* dans lequel on lui conseillait de « dormir en paix » ; on lui affirmait que le mot « aveux » n'avait été mis dans l'annonce que pour allécher le public et qu'il ne paraîtrait pas dans l'article. Mme Piper nous a envoyé ce télégramme, et nous l'avons encore entre les mains.

Mme Piper a appris que, dans plusieurs journaux anglais, on l'avait représentée comme une bonne à tout faire, évidemment dans le but de jeter le discrédit sur ses capacités intellectuelles.

Or, non seulement Mme Piper n'a jamais été bonne à tout faire, mais elle n'a jamais été domestique de sa vie. Toutefois, cette erreur n'est pas due au *New York Herald* ; nous la croyons due au correspondant à New-York du *Daily Telegraph* de Londres.

Voilà textuellement les paroles du *Light*.
Et nunc erudimini.

TABLE DES MATIÈRES

Préface. I

Chapitre premier. — La médiumnité de Mme Piper. — Quelques données sur sa santé et sur celle de ses ascendants. — La médiumnité est-elle une névrose ?. 1

Chapitre II. — Le Dr Richard Hodgson. — Description de la « trance » et ce qu'on entend par un « contrôle ». — Mme Piper est un médiocre sujet hypnotique . . 10

Chapitre III. — Premières trances. — Premières observations soigneuses par le professeur William James, de l'Université d'Harvard (Etat de Massachusetts, Etats-Unis) 21

Chapitre IV. — L'hypothèse de la fraude. — L'hypothèse de la lecture des mouvements inconscients des muscles. — L'influence laissée sur les objets . 31

Chapitre V. — Une séance avec Mme Piper. — L'hypothèse de la transmission de pensée. — Quelques incidents 40

Chapitre VI. — Phinuit. — Ses origines probables. — Son caractère. — Ce qu'il dit de lui-même. — Son français. — Ses diagnostics médicaux. — N'est-il qu'une personnalité seconde de Mme Piper ?. . . . 58

TABLE DES MATIÈRES

Chapitre VII. — La lettre d'Hannah Wild. — Premier texte donné par Phinuit. — Une séance de Mme Blodgett. — Nous ne nous trouvons dans ce cas que de la lecture de pensée 75

Chapitre VIII. — Communications des personnes ayant souffert dans leurs facultés mentales. — Communications inattendues de la part d'inconnus. — Respect dû aux communiquants. — Prédictions. — Communications des enfants 93

Chapitre IX. — Considérations nouvelles sur les difficultés du problème. — Ce qu'était George Pelham. — Développement de l'écriture automatique 110

Chapitre X. — Comment George Pelham a établi son identité. — Il reconnaît ses amis, fait allusion à leurs opinions. — Il reconnaît les objets qui lui ont appartenu. — Il demande des services. — Ses assertions erronées sont extrêmement peu nombreuses . 124

Chapitre XI. — Philosophie de George Pelham. — Nature de l'âme. — Les instants qui suivent la mort. — Le séjour dans l'« autre monde ». — L'action dans l'« autre monde ». — George Pelham contredit Stainton Moses. — L'espace et le temps dans l'« autre monde ». — Comment les esprits nous voient. — Les communications 141

Chapitre XII. — William Stainton Moses. — Ce que George Pelham pense de lui. — Comment Imperator et ses aides ont remplacé Phinuit 163

Chapitre XIII. — Le professeur Hyslop et les journalistes. — Les prétendus « aveux » de Mme Piper. — Précautions prises par le professeur Hyslop pendant ses expériences. — Physionomie actuelle des séances 177

Chapitre XIV. — Communications de Robert Hyslop. — Particularités d'expression. — Incidents divers . . 190

CHAPITRE XV. — Encore l'« influence ». — Autres incidents. — Statistique des faits. 207

CHAPITRE XVI. — Examen de l'hypothèse de la télépathie. — Quelques arguments qui rendent son admission difficile 218

CHAPITRE XVII. — Considérations appuyant fortement l'hypothèse spirite. — La conscience et le caractère restent identiques. — L'action dramatique. — Les erreurs et les confusions............. 227

CHAPITRE XVIII. — Difficultés et objections. — Identité d'Imperator. — La vision à distance. — Trivialité des messages. — Philosophie spirite. — La vie dans l'« autre monde »............. 238

CHAPITRE XIX. — Le retour du médium à la vie normale. — Les discours tenus pendant que le médium semble suspendu entre deux mondes 250

CHAPITRE XX. — Les résultats obtenus sont encourageants. — Il faut résoudre le problème 258

POST-SCRIPTUM. 266

20-11-01. — Tours, Imp. E. Arrault et Cie

BIBLIOTHÈQUE DES ÉTUDES PSYCHIQUES

EXTRAIT DU CATALOGUE

CROOKES (William). — *Recherches sur les phénomènes psychiques*, illustré. 3 50
WALLACE (Alfred Russel). — *Les Miracles et le Moderne Spiritualisme* . . . . 6 »
AKSAKOF (Alexandre). — *Animisme et Spiritisme*, essai d'un examen critique des phénomènes, en réponse à l'ouvrage du D¹ von Hartmann, illustré, reste 4 exemplaires à. . . 20 »
ROCHAS (Comte Albert de). — *Les Effluves odiques*. . . . 6 »
— *Les États profonds de l'hypnose*. 2 50
— *Les États superficiels de l'hypnose* 2 50
— *L'Extériorisation de la sensibilité*. . . . . 7 »
— *L'Extériorisation de la motricité*. . . . . 10 »
— *La Physique de la Magie*. 0 50
GURNEY, MYERS et PODMORE. — *Les Hallucinations télépathiques*, traduction abrégée de *Phantasms of the living*, par Marillier, préface de Ch. Richet 7 50
CROWE (Mistress Catherine). — *Les Côtés obscurs de la nature, ou Fantômes et Voyants*. . . . . 5 »
GIBIER (D¹ Paul). — *Le Spiritisme ou Fakirisme occidental*, étude historique, critique et expérimentale, avec figures dans le texte. . . . . 4 »
— *Analyse des choses*. Essai sur la science future, son influence sur les religions, les philosophies. . . . 3 50
FLOURNOY. — *Des Indes à la planète Mars*, étude sur un cas de somnambulisme avec glossolalie et 44 figures dans le texte. . . . . 8 »
FLAMMARION. — *La Pluralité des mondes habités* 3 50
— *L'Inconnu et les Problèmes psychiques*. 3 50
— *Uranie*, roman sidéral 3 50
— *Stella*, roman sidéral 3 50
— *Lumen* (édition populaire, 52ᵉ mille) 0 60
RAPPORT *sur le Spiritualisme par le Comité de la Société dialectique de Londres*, avec les attestations orales et écrites. Traduit de l'anglais par le D¹ Dusart. . . . . 6 »
GYEL (D¹ G.). — *L'Être subconscient*. . . . . 4 »
— *Essai de revue générale et d'interprétation synthétique du spiritisme*. 2 50
OCHOROWICZ (Professeur J.). — *La Suggestion mentale* avec préface de Ch. Richet. . . . . 5 »
BERNHEIM (D¹). — *De la suggestion et de ses applications à la thérapeutique*. . . . . 6 »
BINET. — *La Psychologie du raisonnement*, expériences par l'hypnotisme 2 50
— *Les Altérations de la personnalité*, avec gravures. 6 »
BINET ET FÉRÉ. — *Le Magnétisme animal*, avec figures. 6 »
LUYS (D¹ J.). — *Hypnotisme expérimental*, 28 planches 3 50

TOURS. — IMP. E. ARRAULT ET Cⁱᵉ

www.ingramcontent.com/pod-product-compliance
Lightning Source LLC
Chambersburg PA
CBHW050632170426
43200CB00008B/981